Clemens Pig

»Democracy Dies in Darkness«

Fake News, Big Tech, AI: Hat die Wa(h)re Nachricht eine Zukunft?

Brandstätter

Zum 175-jährigen Gründungsjubiläum
der österreichischen Nachrichtenagenturen
1849–2024

»(...) safeguarding the concept of free and independent news agencies providing true and unbiased news as a backbone of a free press and a free democratic society.«

*Aus den Statuten der Vereinigung der unabhängigen
Nachrichtenagenturen Europas, Gruppe 39*

AFP – Agence France-Presse, Frankreich	BELGA – Belga News Agency, Belgien
AIT – Austrian Institute of Technology, Österreich	Digital Media Europe mit WAN IFRA, Deutschland
ANP – Algemeen Nederlands Persbureau, Niederlande	EANA – European Alliance of News Agencies, Schweiz
ANSA – Agenzia Nazionale Stampa Associata, Italien	Europäischer Mediengipfel mit ProMedia Kommunikation, Österreich
APA – Austria Presse Agentur, Österreich	European Publishing Congress mit kress pro, Deutschland
Austria Kiosk (kiosk.at), Österreich	Fachhochschule St. Pölten, Österreich

Wall of Supporters

Folgende Organisationen und Institutionen unterstützen
die Idee und Realisierung dieses Buchprojekts:

Keystone-SDA, Schweiz

*Interfakultäres Forum Innsbruck
Media Studies und Medientag der
Universität Innsbruck, Österreich*

*MISCHA – Medien in Schule
und Ausbildung, Österreich*

*ÖGV – Österreichischer
Genossenschaftsverband,
Österreich*

*Österreichische Medientage
mit HORIZONT, Österreich*

*Österreichischer
Journalistinnenkongress,
Österreich*

*PA Media News Agency,
Großbritannien*

*Parlament Österreich,
Österreich*

*PMG Presse-Monitor,
Deutschland*

*Presseclub Concordia,
Österreich*

*Swiss Digital Media Services,
Schweiz*

Volksbank, Österreich

Vorwort *12*
Einleitung *18*

1. Agenturjournalismus unter Druck 22
   Marathonlauf der Redaktionen

2. Free Flow of Information 30
   Arterien des globalen Nachrichtenflusses

3. War on Information 42
   Kampf um die Wahrheit

4. Interview mit Wladimir Putin 56
   »Ich wollte ein freundlicher Gastgeber sein«

5. Europas Nachrichtenagenturen 64
   The various faces of reality

6. Unabhängigkeit als Geschäftsmodell 84
   Public Value in privatem Auftrag

7. Renaissance des genossenschaftlichen Prinzips 94
   Member statt Shareholder

8. Playbook Digital Cooperation 110
   Neue Spielzüge in der Digitalökonomie

9. Innovationsfelder von Nachrichtenagenturen 122
   Wandel als Lebensversicherung

10. Von Trusted Content zu Trusted AI 136
Der Weg zu echtem Wissen

11. Von Nachrichten-Lieferanten
zu NewsTech-Plattformen 158
Ein neues Selbstverständnis

12. FQNTM 174
Bauplan des Newsrooms der Zukunft

13. Vision »European NewsTech Alliance« 182
Agentur-Ökosystem der Demokratie

Zum Buchtitel *191*
Der Autor *195*
Anhang: News Agency Business – 10 Learnings *198*
Anhang: Geschichte und Gegenwart der APA *202*
Anhang: Quellen *211*
Impressum *216*

Vorv

Vorwort

Sehr geehrte Leserin, sehr geehrter Leser,

dieses Buch will über Nachrichtenagenturen informieren und aufklären. Nachrichtenagenturen erfüllen zentrale Funktionen in der Medien- und Kommunikationsindustrie. Nachrichtenagenturen sind eine eigenständige Mediengattung mit einer langen Tradition, die bis in die Mitte des 19. Jahrhunderts zurückreicht. Nachrichtenagenturen haben Kriege und disruptive Entwicklungen wie die Satellitenkommunikation und das Internet überdauert. So vielfältig Europa ist, so vielfältig sind die Erscheinungsformen von europäischen Nachrichtenagenturen.

Bis zu zwei Drittel aller täglichen massenmedialen Informationen in Zeitungen, Fernsehen, Radio, deren Onlineportalen und digitalen Ausspielkanälen sowie das Gros der originären Medieninhalte auf sozialen Netzwerken gehen

»Democracy Dies in Darkness«

Vorwort

»Unabhängiger Agenturjournalismus bildet den Gegenpol zu Fake News und Desinformation.«

Clemens Pig

direkt oder indirekt auf Agenturmaterial zurück: Texte, Bilder, Grafiken, Videos, Live-Formate. Umso verblüffender ist es, dass Nachrichtenagenturen und ihre Funktionsweise in der Breite der Informationsgesellschaft meist unbekannt, von der Kommunikationsforschung weitgehend unerforscht, in parlamentarischen Gesetzesprozessen oftmals unterrepräsentiert und damit in ihrer kommunikativen und technologischen Leistung insgesamt unterschätzt sind. Ich mache diese Erfahrung in meiner täglichen Arbeit im nationalen und internationalen Austausch mit Entscheider:innen in Wirtschaft und Institutionen sowie mit interessierten User:innen und jungen Menschen. Selbst Medienschaffende sind immer wieder über das tiefgehende funktionale Spektrum von Nachrichtenagenturen erstaunt. Bedenklich stimmt, dass welt- und europaweit nur ein kleiner Teil aller Nachrichtenagenturen staatlich unabhängig ist.

APA-Fotoservice / Martin Hörmandinger

Podiumsdiskussion *Medien. Macht. Meinungsvielfalt. Die Rolle der Medien in der Demokratie.* im April 2023, eingeladen von *APA* und Österreichischem Parlament

Dieses Buch will über Nachrichtenagenturen in Europa informieren: wie sie ticken, wie sie sich unterscheiden, wie sie als unabhängige Agenturen Leuchttürme der freien Medienwelt sind oder wie sie als Staatsagenturen für Propagandazwecke instrumentalisiert werden können. Wie sie in die digitale Zukunft gehen und ihre redaktionelle Unabhängigkeit durch Innovationskraft und wirtschaftliche Stärke schützen können, und wie Agenturen trotz ihrer Unterschiede durch Kooperation auf das übergeordnete Ziel im Agenturjournalismus hinarbeiten können: *True and Unbiased News.*

Faktenbasierter und unabhängiger Agenturjournalismus in Europa gewinnt an Bedeutung als Gegenpol zu Fake News und Desinformation und als Kühlmittel für die polarisierten, überhitzten Meinungsmärkte der sozialen Netzwerke. Ich bin überzeugt, dass durch technologische Innovation

»Democracy Dies in Darkness«

Vorwort

und europäische Kooperation die digitale Zukunft dieses Wertemodells von Nachrichtenagenturen nachhaltig gelingen kann. Meine Vision ist eine *European NewsTech Alliance*: ein europäischer Wissensraum von freien Agenturen und Medien, in dem verifizierte und zuverlässige Informationen den Input für kontrollierte, gemeinsame AI-Anwendungen bilden. Ich sehe diese *European NewsTech Alliance* als Leuchtturm und kollaborativen *NewsTech Hub* für *Trusted Content* und *Trusted AI*: die Grundlage für neue und erfolgreiche Geschäftsmodelle von Nachrichtenagenturen und Medien.

Dieses Buch ist keine wissenschaftliche Arbeit, sondern ein faktischer und persönlicher Erfahrungsbericht aus meiner Perspektive des Praktikers im Medienmanagement. Das Buch beinhaltet meine aktuellen Beobachtungen, langjähriges Erfahrungswissen sowie Analysen und Ableitungen aus der Führung von Nachrichtenagenturen und deren Tochterunternehmen in Österreich, der Schweiz und Deutschland sowie in Verbänden der europäischen Nachrichtenagenturen. Die einzelnen Kapitel fassen meine bisherigen Vorträge, Gastkommentare und Publikationen zu (unabhängigen) Nachrichtenagenturen kompakt und überblicksartig zusammen. Am Vorabend des 175-jährigen Gründungsjubiläums der österreichischen Nachrichtenagenturen (1849–2024) möchte ich mit diesem Buch einen Beitrag leisten und Impulse für vertiefende Reflexionen zu den genannten Themen in den kommenden Monaten geben.

Mein Dank gilt allen Kolleg:innen und Stakeholder:innen der europäischen Agenturlandschaft für das gemeinsame Sparring über eine nachhaltige Zukunft von Nachrichtenagenturen sowie allen Unterstützer:innen dieses Buchprojekts.

Überzeugt vom faktenbasierten Agenturjournalismus und fasziniert von der digitalen Transformation, freue und bedanke ich mich, dass Sie dieses Interesse teilen und dieses Buch in Händen halten.

Herzlich
Clemens Pig

Wien, im Herbst 2023

»Democracy Dies in Darkness«

Einl
tun

Einleitung

»Russland hat seine Einheit wiederhergestellt. Die Tragödie von 1991, diese furchtbare Katastrophe unserer Geschichte, diese unnatürliche Zerrissenheit, ist überwunden.«

In den Morgenstunden des 26. Februar 2022 – nur zwei Tage nach Beginn des russischen Angriffskriegs auf die Ukraine – war zumindest für die staatliche russische Nachrichtenagentur *RIA Novosti* durch den irrtümlichen Versand eines vorbereiteten Jubelkommentars das Ziel der Invasion schon erreicht; und damit auch für zahlreiche russische Medien. Denn Nachrichtenagenturen stehen weltweit an der Spitze der Informationspyramide, was in der Zeitenwende für eine neue Weltordnung enorme Chancen und zahlreiche Gefahren zugleich für Nachrichtenagenturen als Arterien des nationalen und internationalen Nachrichtenflusses in sich birgt.

»Democracy Dies in Darkness«

Entgegegen *RIA Novostis* Jubelmeldung: die Mutter-Heimat-Statue in Kiew, am 24. August 2022, dem Unabhängigkeitstag der Ukraine, ein halbes Jahr nach Beginn der russischen Invasion

Dimitar Dilkoff / AFP / picturedesk.com

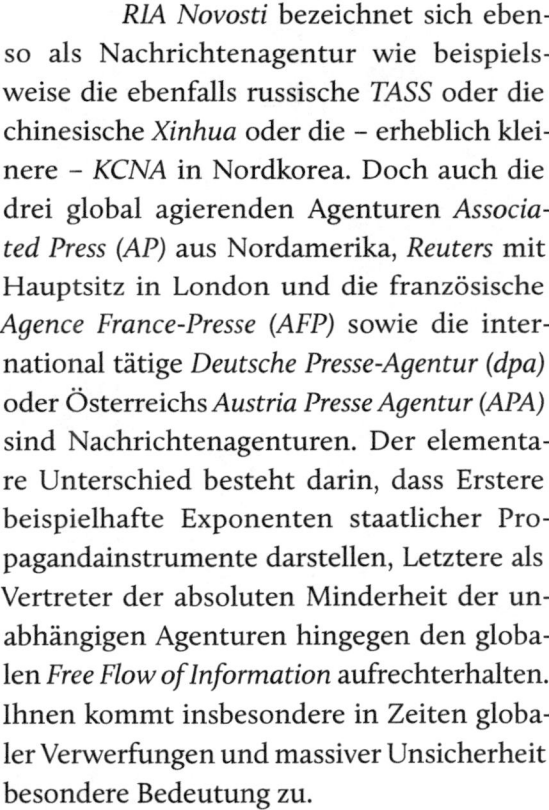

RIA Novosti bezeichnet sich ebenso als Nachrichtenagentur wie beispielsweise die ebenfalls russische *TASS* oder die chinesische *Xinhua* oder die – erheblich kleinere – *KCNA* in Nordkorea. Doch auch die drei global agierenden Agenturen *Associated Press (AP)* aus Nordamerika, *Reuters* mit Hauptsitz in London und die französische *Agence France-Presse (AFP)* sowie die international tätige *Deutsche Presse-Agentur (dpa)* oder Österreichs *Austria Presse Agentur (APA)* sind Nachrichtenagenturen. Der elementare Unterschied besteht darin, dass Erstere beispielhafte Exponenten staatlicher Propagandainstrumente darstellen, Letztere als Vertreter der absoluten Minderheit der unabhängigen Agenturen hingegen den globalen *Free Flow of Information* aufrechterhalten. Ihnen kommt insbesondere in Zeiten globaler Verwerfungen und massiver Unsicherheit besondere Bedeutung zu.

»Democracy Dies in Darkness«

Agent
ourn
unter
Druc

1. Agenturjournalismus unter Druck
Marathonlauf der Redaktionen

Der russische Angriffskrieg auf die Ukraine am 24. Februar 2022 findet zu einem Zeitpunkt statt, als Europas Medien und Nachrichtenagenturen unter nachhaltigem Produktions- und Transformationsdruck stehen. Beginnend mit der Flüchtlingskrise 2015 hat ein durchgehender redaktioneller Marathonlauf begonnen, der den europäischen Newsrooms permanente Höchstleistungen abfordert. Auch Österreich und seine Redaktionen sind seitdem nicht mehr zur Ruhe gekommen:

- Flüchtlingskrise mit Hauptursache des Bürgerkrieges in Syrien (2015),
- Bundespräsidentenwahl mit folgender Stichwahl samt erstmaliger Wahlwiederholung einer Stichwahl nach Anfechtung des Wahlergebnisses durch den unterlegenen Kandidaten; Angelobung eines neuen Bundeskanzlers (2016),

»Democracy Dies in Darkness«

- zwei Wechsel von Parteivorsitzenden vor (Sebastian Kurz, ÖVP) beziehungsweise nach vorgezogenen Neuwahlen (Werner Kogler, Grüne) mit Bildung einer rechtskonservativen Koalition aus ÖVP und FPÖ (2017),
- weitere Wechsel von Vorsitzenden der Oppositionsparteien (Pamela Rendi-Wagner, SPÖ, Beate Meinl-Reisinger, NEOS, 2018),
- die Enthüllung des »Ibiza-Videos« mit folgendem Rücktritt des Vizekanzlers, Abberufung der gesamten Bundesregierung, Einsetzung einer interimistischen »Beamtenregierung«, Ausrufung von Neuwahlen mit erstmaliger Bildung einer Koalition aus Volkspartei und Grünen (2019),
- wenige Wochen darauf geht die erste Meldung über eine mysteriöse Lungenkrankheit aus China über die Agentur-Ticker (Jänner 2020),
- die Coronapandemie samt Lockdowns folgt als globale Zäsur auf allen Ebenen, begleitet von weiteren Verwerfungen in Österreichs Innenpolitik durch eine Korruptionsaffäre mit mehrfachen Kanzlerwechseln ab Herbst 2021,
- der vierte COVID-19-Lockdown endet in Österreich zu Beginn des Jahres 2022,
- die Medienunternehmen starten mit Mut und Zuversicht in das neue Jahr und lassen die Pandemie hinter sich, die Konjunkturbarometer gehen nach oben,
- es folgt nach der Pandemie die nächste globale Zäsur: der russische Angriffskrieg auf die Ukraine am 24. Feber 2022 markiert das Ende des

Friedens in Europa nach dem Zweiten Weltkrieg und läutet eine geopolitische Zeitenwende samt Energiekrise, massiv gestiegener Inflation und einer sich verschärfenden Klima- und Umweltkrise ein.

Diese Stakkato-Abfolge an österreichischen innen- und weltpolitischen Großereignissen hat den Redaktionen kaum Zeit zum Verschnaufen erlaubt. Es herrscht redaktioneller Produktionsdruck rund um die Uhr. Selbst die Wochenenddienste in den Newsrooms sind von redaktionellen Großaufgeboten für die Berichterstattung über die quasi wöchentlich stattfindenden »Anti-Corona-Großdemonstrationen« geprägt. Diese Live-Coverages an den Orten des Geschehens machen für österreichische Journalist:innen und Redakteur:innen erstmals ernsthafte Sicherheitsvorkehrungen aufgrund von Anfeindungen gegen Medienvertreter:innen notwendig. Spätestens mit Beginn der Coronapandemie wurde die Polarisierung der Gesellschaft von den ausgefransten digitalen Rändern der sozialen Netzwerke in die Mitte der Gesellschaft und auf die Straßen gespült: Medien und Nachrichtenagenturen befinden sich mittendrin in dieser Polarisierung, sowohl in den digitalen Räumen als auch auf den Demonstrationsplätzen der europäischen Großstädte. Zum ersten Mal ist es ratsam, als Agenturjournalist:in unerkannt und anonym von Live-Ereignissen zu berichten. Droh- und Beschimpfungsmails von Bürger:innen an die Redaktionen und Medienspitzen haben deutlich zugenommen. Schauplatzwechsel: Die Bilder aus dem Krieg in der Ukraine, die den Agenturen in ihrer schonungslosen Realität als *graphic content* zugehen

»Democracy Dies in Darkness«

und für Endkonsument:innen entschärft und »medientauglich« aufbereitet werden, sind auch für hartgesottene Redakteur:innen mit langjähriger Berufserfahrung verstörend und teils traumatisierend. Die thematische Bewältigung und Berichterstattung in diesem redaktionellen Marathonlauf findet gleichsam im Setting des größten Experiments der Arbeitswelt seit der Einführung von PC und E-Mail in Echtzeit statt: Homeoffice und hybrides Arbeiten werden von heute auf morgen in den Newsrooms eingeführt und sprengen die bisherigen Workflows in den Redaktionen. In kürzester Zeit etablieren sich neue Kommunikationskanäle und Prozesse der Zusammenarbeit. New Work und Digital Collaboration finden ohne Testlauf Eingang in die Medienwelt.

Parallel zum stark gestiegenen Produktionsdruck der Redaktionen läuft die Uhr der digitalen Transformation der Medienunternehmen noch schneller. Die Weiterentwicklung der Informationsgesellschaft durch das veränderte Mediennutzungsverhalten, durch globale Plattformen und soziale Netzwerke mit disruptiven Technologien und neuen Geschäftsmodellen beschleunigt sich: Werbegelder werden noch umfassender von den Medien zu den Plattformen abgesaugt und die digitale Zahlungsbereitschaft für redaktionelle Inhalte wächst nur langsam auf moderatem Niveau. Die Coronapandemie hat insgesamt zu einem erhöhten Vertrauensverlust in Institutionen wie Medien, Politik und Wissenschaft sowie zu einer gestiegenen Erschöpfung im digitalen Informationskonsum (*News Fatigue*) geführt. Vor diesem Hintergrund bringen die wirtschaftlichen Folgen des Ukraine-Krieges keine guten Nachrichten für die Medienbranche: Explodierende Produktionskosten durch die

Produktions- und Transformationsdruck für Medien und Nachrichtenagenturen

Neue Rahmenbedingungen	Nachhaltige Herausforderungen
Geopolitische Lage Ukraine-Krieg	Erosion Werbe-Erlöse
Globales De-Coupling	Desinformation und Fake News
Inflation, Kapitalmärkte, Konjunktur	Vertrauensverlust und News Fatigue
Energiepreise, Produktionskosten	Pay- und Log-in-Walls
EU: Copyright-Direktive, Neighbouring Rights	Digitale Abo-Modelle
EU: Media Freedom Act	Neue globale Plattformen wie TikTok
EU: Digital Services Act	Generative Artificial Intelligence
EU: AI Act	Neue Formate (Video, Audio, live, hybrid)
EU: Media Data Spaces und Allianzen	Datenjournalismus
EU: ESG-Reporting	Young Audiences und Social Media
War On Talents, New Work	Neue politische Online-»Medien«
Legitimationsdruck Public Broadcaster	Soziale Netzwerke als Arena der Polarisierung

»Democracy Dies in Darkness«

rasant ansteigenden Energiepreise (Gas, Papier) stellen die Medienmanagements vor große Herausforderungen. Der Transformationsdruck steigt parallel zum Produktionsdruck. Im Gegenzug legt er die Chancen und Möglichkeiten für die Medienindustrie in dieser Zeitenwende offen. Angesichts zunehmender Polarisierung und Desinformation in sozialen Netzwerken, die in eine *publizistische* Krise geraten, angesichts der Entwicklungen in Russland, die den Weg zu autokratischen Gesellschaften wie unter einem Brennglas vor Augen führen, angesichts mächtiger, beunruhigender Artificial-Intelligence-Werkzeuge der digitalen Global Player kristallisieren sich am Horizont die positiven Markenkerne auf der Habenseite der Medienindustrie heraus: unabhängige Nachrichten in allen Formaten, die in liberalen Mediendemokratien so wichtig sein werden wie sauberes Trinkwasser. Dazu kommen innovative Produktions- und Distributionskanäle, die (wieder) an die Young Audiences und ihre Themenwelten anschließen und zur Neuinterpretation der redaktionellen Deutungshoheit im digitalen Raum führen können.

Dafür benötigt es viel Infrastruktur – redaktionelle und digital-technologische Infrastruktur. Digitale Transformation von Medienunternehmen ist innovations- und investitionsintensiv. Kaum ein Medienbetrieb ist in der Lage, diese Infrastruktur gesamthaft stand-alone aufzubauen, zu finanzieren, zu betreiben und laufend weiterzuentwickeln. Das Konzept der Digitalökonomie zur Überwindung dieser Hürden lautet: Kooperation.

Nachrichtenagenturen sind Infrastrukturunternehmen. Sie liefern die Bauelemente für Nachrichten und Technologie. Idealerweise sind sie auch die Plattformen zur Herstellung von Kooperation zwischen den Medienunternehmen. Nachrichtenagenturen sind eine wichtige Variable in der Lösung zentraler Herausforderungen der Medienzukunft.

»Democracy Dies in Darkness«

Free
of In
mati

2. Free Flow of Information
Arterien des globalen Nachrichtenflusses

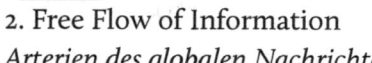

Die Medienvielfalt Europas ist trotz der anhaltenden, wirtschaftlich sehr herausfordernden Rahmenbedingungen nach wie vor groß. Rund 500 Millionen EU-Bürger:innen konsumieren täglich die Angebote von rund 5.000 Zeitungen, 50.000 Zeitschriften und Magazinen sowie von 4.500 Radio- und TV-Sendern. Dazu kommen unzählige Informationssplitter in Social-Network- und Onlinequellen, deren Interaktionen wie Tweets, Posts, Likes, Shares und Kommentare ihren Ausgangspunkt vielfach in den professionellen, originären journalistischen Angeboten haben. Massenmedien prägen damit auch in der Ära der sozialen Netzwerke und der Nachrichten-Aggregatoren stark die Themen, Bilder (Agenda-Setting) und den Diskurs (Framing) über das nationale und internationale Geschehen. Rund die Hälfte bis zwei Drittel dieser enormen Menge an täglichen Informationen und Nachrichten liefern

»Democracy Dies in Darkness«

Nachrichtenagenturen an die Medienredaktionen – als Fertigprodukte für die direkte Verwendung von Texten, Bildern, Grafiken, Live-Videos, Live-Blogs, *Automated Content* (beispielsweise automatisierte Texte über Wahlergebnisse) oder als redaktionelle Rohstoffe für darauf aufbauende oder vertiefende Medieninhalte. Neben der Nachrichtenproduktion selbst liegt der Wert von Nachrichtenagenturen für Medienredaktionen vor allem in der Planungsfunktion, die Agenturen mit laufenden Tagesüberblicken, Terminchronologien, Hintergrundberichten und Dispo-Informationen über die geplante redaktionelle Coverage in den unterschiedlichen Formaten leisten. (Unabhängige) Nachrichtenagenturen sind in der Medienproduktion die zentrale, für Medienkonsument:innen unsichtbare Infrastruktur der nationalen und internationalen Nachrichtenaufbringung. Ausgewogener, zuverlässiger, kritischer und faktenbasierter Agenturjournalismus ist das dazugehörige Betriebssystem, auf dem die Medien ihre spezifischen journalistischen Inhalte und Angebote auf- und ausbauen. Unabhängige Agenturredaktionen agieren nach dem Prinzip Richtigkeit vor Schnelligkeit, auch wenn diese beiden Kategorien im Breaking-News-Modus von Blitz-, Alarm- und Eilt-Meldungen miteinander konkurrieren; sie arbeiten nach den journalistischen Tugenden der Quellenvielfalt (*audiatur et altera pars*) und Quellenglaubwürdigkeit (*Check, Re-Check, Double-Check*); sie handeln rasch und transparent, wenn sie Fehler machen und diese korrigieren; sie produzieren auf Basis faktischer und verifizierter Informationen und Recherchen als Grundlage für bestmögliche neutrale Agenturmeldungen und bleiben somit frei von Meinung und oftmals namentlicher Autorschaft.

Die Funktionen des Agenturjournalismus haben sich in der digitalen Transformation deutlich weiterentwickelt. Der *Agentur-Ticker* in Textform als redaktionelles »Gründungsformat« von Nachrichtenagenturen hat sich um neue Formate wie Bilder, Grafiken, Video, Audio und Live-Inhalte wie Blogs sowie neue Inhalte wie *Automated Content* stark erweitert. In dieser Kernfunktion übernimmt Agenturjournalismus die Rolle des Rohstoff-Lieferanten für die Medien. Angesichts der digitalen Kommunikation mit ihren schnellen Produktionszyklen und geringen Halbwertszeiten werden Inhalte von Agenturen zunehmend als Ready-made-Formate zur direkten Verwendung durch die Medien angeboten: Video-Streams und Live-Blogs, die direkt auf den Onlineportalen der Medien eingebunden werden, sowie passende multimediale Text-Bild-Formate zur direkten Übernahme auf den unterschiedlichen Ausspielkanälen der Medien. Live-Videosignale von Agenturen ergänzen die Textberichterstattung der Onlinemedien durch einfache Embedding-Codes. Teletext-Angebote werden in den passenden technischen Formaten direkt durch die Agenturen mit Nachrichtenfeeds beliefert. Die Art der Berichterstattung von Nachrichtenagenturen hat sich ebenfalls deutlich weiterentwickelt: Die sogenannte *Laufberichterstattung* wird zunehmend durch spezialisierte Live-Desks abgelöst. Die Hintergrund-Berichterstattung wurde deutlich ausgebaut und neue Formate wie *Nachrichten in einfacher Sprache* sollen Menschen mit Leseschwäche wesentlich besser im Nachrichtenkonsum ansprechen. Mit Blick auf die *visuelle Informationsgesellschaft* hat Datenjournalismus seinen Einzug in die Agentur-Newsrooms gehalten und liefert neue Erzähl- und Erklär-Formate, oftmals in grafischer Aufbereitungsform.

»Democracy Dies in Darkness«

Die organisatorische Form in den Newsrooms folgt den neuen Funktionen des Agenturjournalismus: Traditionelle Ressorts entwickeln sich weiter zu *Live-Desks, Visual-Desks, Data and Graphic Desks* und bilden neue Themen wie die Klima- und Umweltkrise in einer ressortübergreifenden Klimaberichterstattung ab. Die Kernfunktionen *Rohstoff-Lieferant* und *Ready-mades* beinhalten einen zentralen Aspekt von Agenturjournalismus für die Medien: Agenturen stellen damit ein Sicherheitsnetz für ihre Abnehmer dar, indem in allen Ressorts alle wesentlichen Themen in unterschiedlichen Formaten gecovert werden. Die Medien als Kunden von Agenturen müssen sich auf die Agenturen als ihre Lieferanten vollumfänglich verlassen können.

Neben dieser produktionstechnischen Verlässlichkeit ist ein weiteres Leistungsversprechen im Verhältnis der Agenturen zu ihren Kunden verankert: die Verlässlichkeit in eine faktenbasierte, zuverlässige und ausgewogene Berichterstattung der Agenturen. Diese inhaltliche Verlässlichkeit kommt durch die Prinzipien des unabhängigen Agenturjournalismus von *True and Unbiased News* durch Quellenvielfalt und Quellenglaubwürdigkeit sowie durch eine Reihe von Qualitätssicherungsmaßnahmen zustande, beispielsweise durch Vier-Augen-Prinzipe und das redaktionelle Normativ von *Check, Re-Check, Double-Check*. Erst durch dieses Leistungsversprechen und dessen Umsetzung können Medien als Abnehmer der redaktionellen Agentur-Dienste diese ohne weitere Prüfung unmittelbar weiterverwenden – als Rohstoff oder als Direkt-Übernahme des multimedialen Agenturmaterials. Gerade weil Nachrichtenagenturen das zentrale Nachrichtennetz darstellen, an das die allermeisten Medien angeschlossen sind, und damit die Verwendung von Agenturmaterial eine maximale Verbreitung in Sekundenschnelle erfährt, sind diese höchsten journalistischen Produktions- und Qualitätsstandards von Nachrichtenagenturen von entscheidender Bedeutung. Innerhalb dieser Dimension *Verlässlichkeit* hat sich in den vergangenen drei Jahren eine neue redaktionelle Disziplin in den Agentur-Newsrooms etabliert: Fact-Checking. Im Unterschied zur regulären Agentur-Berichterstattung greifen die im Ressort *Verification & Fact Checking* eigens geschulten Redakteur:innen von Agenturen Themen aus den sozialen Netzwerken auf und überprüfen diese auf deren Faktizität. Die Etablierung dieser neuen redaktionellen Disziplin stellt eine Reaktion des Qualitätsjournalismus auf die massiv gestiegenen Phänomene von Desinformation und Fake News in der digitalen Onlinewelt dar.

Neben Verlässlichkeit in Angebot und Qualität von Agenturjournalismus ist Planung und Service eine weitere zentrale Funktion von Nachrichtenagenturen. Ein Teil der Berichterstattung von Agenturen beinhaltet reine Service-Meldungen für die Medien und unterstützt diese damit in deren redaktionellen Planungsprozessen: laufende Nachrichtenüberblicke, Vorschauen, Zusammenfassungen, Avisos der Tages-, Wochen- und Monats-Planungen der Agenturen, Informationen über die Art und Weise der Coverage von Themen und Pressekonferenzen durch die Agenturen, Termindatenbanken, multimediale Chronologien und Zusammenfassungen der Ereignisse während der Nacht für eine umfassende Berichterstattung der Medien in den nutzungsintensiven Morgenstunden. Nachrichtenagenturen erfüllen sohin nicht nur durch ihre Inhalte selbst, sondern durch die Strukturierung der Ereignislage eine zentrale Agenda-(Setting-)Funktion für die Medien.

»Democracy Dies in Darkness«

Eine wesentliche neue Funktion von Agenturjournalismus liegt – neben der Verlässlichkeit in das vollumfängliche inhaltliche Angebot und in eine maximale redaktionelle Qualität sowie neben den unterstützenden Planungs- und Serviceprozessen für die Medien – in der technologischen Bereitstellung der Inhalte für die digitale Medienproduktion. Inhalte von Agenturen werden im Idealfall mit dem passenden technologischen Fit zu den Redaktionssystemen und Distributionskanälen der Medien ausgeliefert oder direkt in diese integriert. Das steigert einerseits die Effizienz und spart Ressourcen, andererseits erhöht sich dadurch der Wirkungsgrad der redaktionellen Funktionen von Agenturjournalismus, beispielsweise durch das Erschließen neuer Zielgruppen durch die Medien. Ein Beispiel dafür stellt die automatisierte Wahl-Berichterstattung von Agenturen auf Basis strukturierter Daten wie Wahlergebnissen dar. Diese vollautomatisiert erstellten Inhalte können von den Medien direkt auf den Onlineportalen eingebunden werden und erhöhen durch den laufend neu eingespielten Content die Ranking-Positionen (*SEO*) der Medien in Suchmaschinen. Sie führen zu deutlich besseren Suchergebnissen und in der Folge zu mehr Traffic. Ein weiteres Beispiel stellt die Metadaten-Codierung von Medieninhalten durch die Agenturen auf Basis internationaler Standards dar, die in der kontextualisierten Werbevermarktung von Medieninhalten zu wesentlich genaueren Ergebnissen führt. Diese neue Funktion von Agenturjournalismus kann als *NewsTech-Funktion* beschrieben werden.

All diese beschriebenen Prinzipien und Funktionsweisen im Agenturjournalismus schaffen Vertrauen. Vertrauen hat in der sekundenschnellen Digitalwelt der ungeprüften und teils unüberprüfbaren Informationen,

Funktionen des unabhängigen Agenturjournalismus

Meinungen, Verzerrungen, Gerüchte und Fake News einen besonders hohen Wert und damit Preis. Gerade in der aktuellen Kriegsberichterstattung und -propaganda im Ukraine-Krieg kann der Wert von sauberen Nachrichten mit dem Zugang zu sauberem Trinkwasser verglichen werden. Das Vertrauen im Allgemeinen und verifizierte und faktenbasierte Agenturmeldungen und Nachrichten im Besonderen sind zur stabilen Währung im digitalen Raum geworden. National tätige Nachrichtenagenturen wie die *Austria Presse Agentur* verfügen über keine Kriegsreporter:innen vor Ort. Dass diese unabhängigen Agenturen dennoch über die internationalen Ereignislagen berichten und damit die jeweiligen heimischen Medienredaktionen beliefern können,

»Democracy Dies in Darkness«

setzt eine enge Verbindung und einen direkten Anschluss der nationalen Agenturen an das internationale Nachrichtennetz voraus. Die *APA* investiert jährlich rund zwei Millionen Euro in den Bezug von fünfzehn internationalen Nachrichtenagenturquellen. Die wesentlichen internationalen Partneragenturen für die Kriegsberichterstattung in der Ukraine sind *dpa, Reuters* und *AFP*. In Österreich selbst beschäftigt die Redaktion im Ressort Außenpolitik rund sechzehn fest angestellte Redakteur:innen mit hoher außenpolitischer Expertise, dazu kommt eine Vielzahl von Expert:innen und freien Redakteur:innen, die im Ausland vor Ort für mehrere Medien oder Agenturen arbeiten.

Neben den beschriebenen kommunikationswissenschaftlichen Konzepten des Agenda-Settings und Framings durch Massenmedien sind Nachrichtenagenturen die dahinterliegenden Gatekeeper. Eine wesentliche Funktion von Agenturen liegt – gerade in der außenpolitischen Berichterstattung – in der redaktionellen Selektion von Nachrichten durch die Agenturredaktionen. Die *APA* erhält täglich die schiere Menge von rund 15.000 Eingangsmeldungen der internationalen Nachrichtenquellen. Diese werden mit technologischer Unterstützung thematisch gebündelt und entlang der für Österreich relevanten Nachrichtenfaktoren journalistisch selektiert, eingeordnet, bearbeitet, verifiziert und finden Eingang in die Basisdienstberichterstattung. Dazu kommen täglich tausende Bilder der internationalen Lieferanten. Diese Schleusenwärter-Funktion durch die Agenturredaktion mündet in einen täglichen Output von rund 250 Meldungen mit Auslandsbezug, einem Bruchteil der täglichen Gesamtmenge an verfügbaren internationalen Agenturmeldungen. Dieses Gatekeeping hat sich mit der Etablierung der sozialen Netzwerke und Online-Quellen deutlich weiterentwickelt. In Summe sind die Aufwände der Redaktionen, diese zusätzlichen und durchlässigen Informationsschleusen zu monitoren, deutlich gestiegen. Gerade in der Kriegsberichterstattung sind originäre journalistische Quellen vor Ort des Geschehens notwendig, um die unterschiedlichen internationalen Agenturquellen abzugleichen und zu verifizieren.

Auf globaler Ebene dominieren vor allem die Nachrichtenagenturen *Associated Press (AP), Reuters, Agence France-Press (AFP)* sowie die international tätige *Deutsche Presse-Agentur (dpa)* die Lufthoheit über die internationalen Informationskanäle. Die Inhalte dieser Agenturen finden nicht nur Eingang in jene Medien, die direkt durch diese Agenturen beliefert werden, sondern insbesondere durch die genannten Partnerverträge auch in die Berichterstattung von nationalen Agenturen. Das gesamte internationale westliche Weltbild, das viele User:innen großteils weltweit täglich in den Massenmedien erhalten und konsumieren, ist damit von einer extrem kleinen Anzahl von westlichen internationalen Nachrichtenagenturen formuliert. Selbst innerhalb dieser Gruppe von internationalen Nachrichtenagenturen findet Nachrichtenaustausch und Vermarktung der Inhalte statt. So wickelt beispielsweise die nordamerikanische *AP* die Vermarktung ihrer Inhalte für den gesamten deutschsprachigen Raum über die *Deutsche Presse-Agentur* ab, die damit ihrerseits den *AP*-Dienst als weitere Quelle bezieht. Demgegenüber wurde in der östlichen Hemisphäre ein riesiges internationales Nachrichtennetzwerk der staatlichen Agenturen Russlands, Chinas und der Türkei aufgebaut.

»Democracy Dies in Darkness«

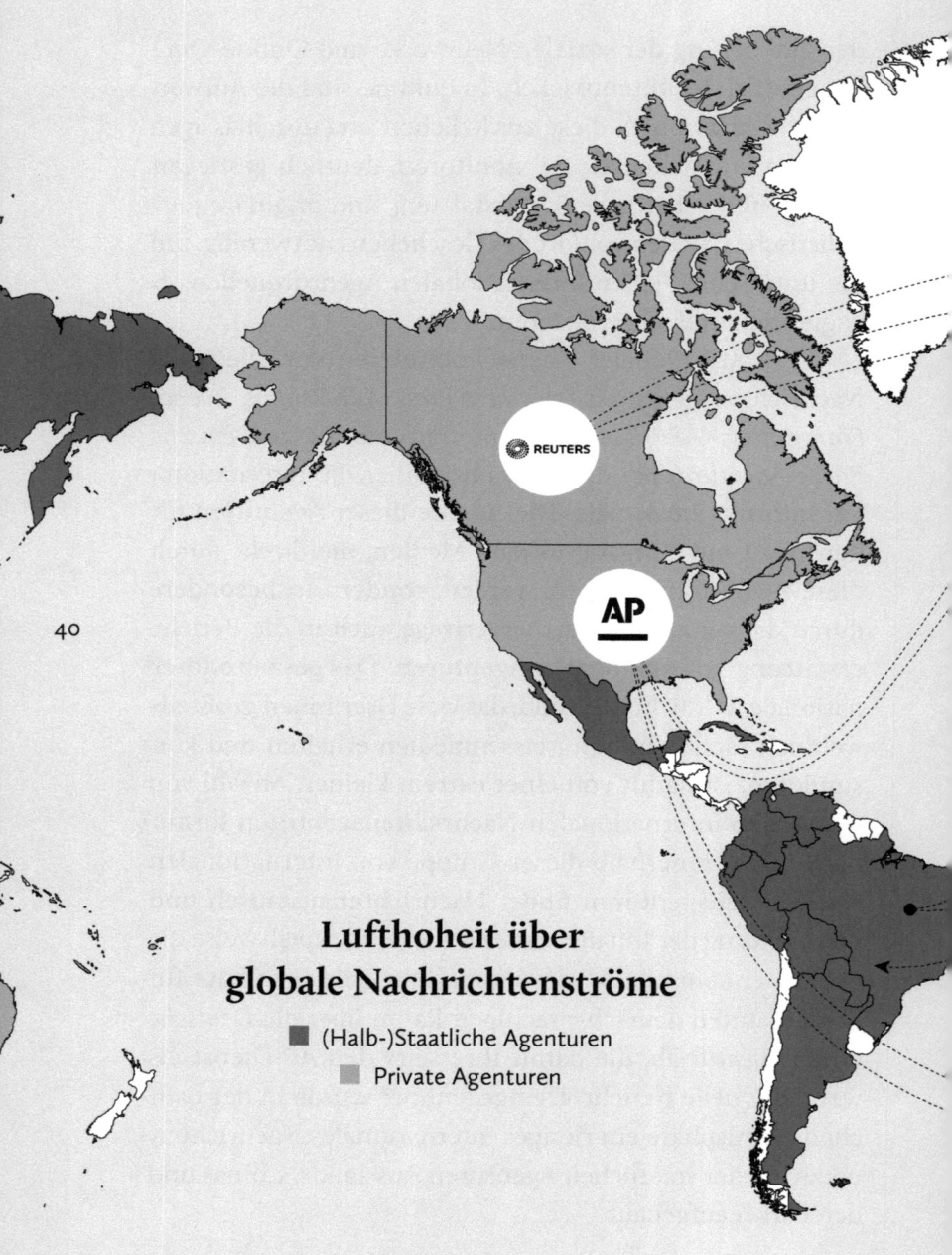

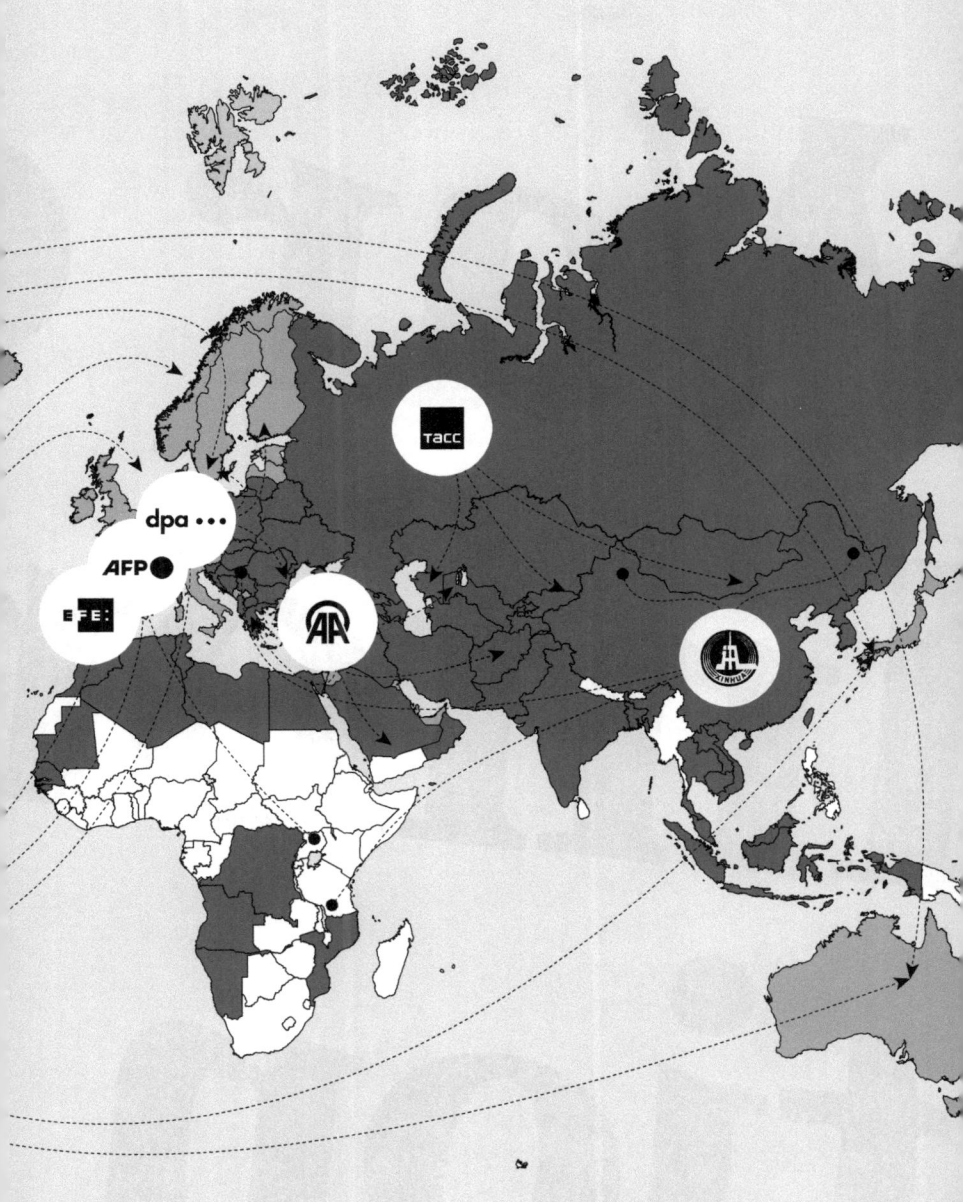

»Democracy Dies in Darkness«

War
Infor
tion

3. War on Information
Kampf um die Wahrheit

Im Ukraine-Krieg hat sich einmal mehr gezeigt, dass die Wahrheit in einem Krieg das erste Opfer ist und dass Diktatoren nichts mehr fürchten als die Wahrheit. Wahrheit wird im redaktionellen Zusammenhang als problematischer Begriff charakterisiert und wird wohl gerade in der Kriegsberichterstattung kaum herstellbar sein, zumal gezielte Desinformation ein Teil der hybriden Kriegsführung ist und Propaganda zu den Instrumenten von Kriegsparteien gehört. Der Anspruch von Qualitätsjournalismus kann also nur sein, der Realität so nahe wie möglich zu kommen. Den Machthabern vor allem autokratischer Regime ist die Möglichkeit der direkten Einflussnahme auf Nachrichtenströme und deren Narrative mehr als bewusst. Sie investieren Macht, Druck und Geld, um in diesem globalen Kampf um die Lufthoheit über (Des-)Information die Oberhand zu er- beziehungsweise behalten, auch mittels

»Democracy Dies in Darkness«

harter Zensur bis hin zu physischer Gewalt gegen Journalist:innen. Im Zusammenhang mit dem Ukraine-Krieg gab es rund eintausend Anschläge auf die Pressefreiheit und zehn Todesfälle von Journalist:innen bis jetzt. In derartigen politischen Systemen wird zunächst – bildlich gesprochen – das demokratische Licht abgedreht, indem freie Medien und Nachrichtenagenturen ausgeschaltet werden, um die Bevölkerung im wahren Wortsinn im Dunkeln zu lassen. Anschließend werden oppositionelle Strömungen mitsamt ihren Protagonist:innen und Sprachrohren unterdrückt und so unliebsame Störgeräusche eliminiert, bis es schließlich durch die Unterwerfung der unabhängigen Justiz unter staatliche Kontrolle zur Abschaffung der Rechtsstaatlichkeit kommt. Medien, Opposition und Justiz sind immer die ersten und zentralen Anschlagsziele auf dem Weg zu autokratischen und diktatorischen Gesellschaften.

Wie »einfach« es sein kann, dieses demokratische Licht vollkommen abzudrehen, demonstrierte der russische Machthaber Wladimir Putin kurz nach dem Einmarsch in die Ukraine am Beispiel der Nachrichtenagentur *TASS*. Wie auch bei der Agentur *RIA Novosti* handelt es sich bei der *TASS* um eine staatliche Nachrichtenagentur. Im Gegensatz zur reinen Propagandamaschinerie von *RIA Novosti* verbreitete die *TASS* in ihrem englischsprachigen Dienst auch Meldungen mit einem – wenn schon nicht objektiven – zumindest objektivierbaren Informationsgehalt. Im Zusammenhang mit der Invasion ließ die staatliche russische Medienaufsicht *Roskomnadsor* (wörtlich: »föderaler Dienst für die Aufsicht im Bereich der Informationstechnologie und Massenkommunikation«) nicht nur zahlreiche aus Sicht der Regierung unliebsame Webseiten wie

Bellingcat, Google News oder *Bild.de* sperren, sie verbot auch allen Medien in Russland unter Androhung harter Strafen die Verwendung von Begriffen wie »Krieg«, »Invasion« oder »Einmarsch«. Da durch diesen Schritt die *TASS* selbst theoretisch nicht mehr in der Lage war, »unvoreingenommen und angemessen« zu berichten, wurde ihre Mitgliedschaft in der *Europäischen Allianz der Nachrichtenagenturen (EANA – European Alliance of News Agencies)* suspendiert, da diese Entwicklungen einen klaren Verstoß gegen die Statuten der *EANA* darstellten. Diese Suspendierung stellte eine erstmalige Maßnahme in der Geschichte der *EANA* seit ihrer Gründung im Jahr 1956 dar. Die Suspendierung erfolgte am 27. Februar 2022, also drei Tage nach dem russischen Einmarsch in die Ukraine und mit Inkrafttreten der Maßnahmen von *Roskomnadsor*. Dieser Schritt wurde von mir als Präsident der *EANA*, meinen Board-Kollegen aus Großbritannien, Frankreich und Bosnien-Herzegowina und dem Generalsekretär wie folgt begründet: »Under the circumstances of the new media regulation enforced by the Russian government *(Roskomnadzor)*, which is heavily restricting media freedom, the Board of *EANA* considers that *TASS* finds itself in violation of the purpose of *EANA* as it is laid out in the Statutes of the *Alliance*, not being able to provide unbiased news, which stand at the core of *EANA's* mission statement. Having this in mind, and also the request from members to expel *TASS* from *EANA*, the Board, as the executive body of the *Alliance,* has unanimously decided to immediately suspend *TASS* from *EANA*, until a General Assembly will decide, according to the Statutes, whether *TASS* should be excluded from our *Alliance*.« Die Suspendierung der *TASS* durch das Board wurde im

Mai 2022 im Rahmen einer außerordentlichen Generalversammlung durch die Mitglieder der *EANA* bestätigt und ist weiterhin aufrecht.

So unbekannt die Rolle von Nachrichtenagenturen in der breiten Öffentlichkeit nach wie vor sein mag, so aufsehenerregend war dieser Schritt, da plötzlich der Begriff *War on Information* das Spannungsfeld der generischen Urheber globaler Nachrichtenströme erfasst hatte. Dies warf gleichzeitig ein Schlaglicht auf den Umstand, dass autoritäre Regime nicht nur durch Regulative und Repressalien eventuell verbliebene unabhängige Medien unter Druck setzen, sondern parallel auch »ihre« staatlichen Medien – und hier wiederum nicht zuletzt die Nachrichtenagenturen – durch imposanten staatlichen Mitteleinsatz stärken und lenken. Freilich: Finanzielle Hürden sind es in den meisten Fällen nicht, die den »Großen« unter den Propagandaagenturen das Leben schwer machen würden – im Gegenteil: Das Match zwischen unabhängigen und zumindest jenen staatlichen Nachrichtenagenturen, die als Global Player angesehen werden müssen, ist rein pekuniär von Beginn an unausgeglichen. Auf der einen Seite stehen Informationslieferanten im Eigentum von Medienunternehmen, die unter wirtschaftlich schwierigen Bedingungen mit ständig steigendem Produktionsdruck gepaart mit Transformationsnotwendigkeiten durch den Digitalisierungsprozess zu kämpfen haben. Um sich unabhängige Nachrichtengebung im Dienste ihrer Mitglieder leisten zu können, müssen sich diese freien Agenturen vor allem durch Diversifizierung in neue Geschäftsfelder auf dem freien Markt selbst finanzieren, um nicht von staatlichen Förderungen abhängig zu werden und dadurch – selbst auch nur im Ansatz – unter politische Kontrolle zu geraten. Auf der anderen Seite finden sich – plakativ gesprochen – Propagandamaschinerien im Eigentum des Staates. Ihr übergeordnetes Ziel besteht darin, die zentralen Interessen ihrer Auftraggeber wahrzunehmen, indem sie Image und Positionen der jeweiligen Länder in die Welt tragen – mächtige, bildgewaltige und selbstbewusste Agenturen als Instrumente der staatlichen Soft Power. Wie intensiv diese imposanten Apparate, die ihre Märkte nicht nur mit einem Dauerfeuer an Halbwahrheiten und Fake News in allen großen Weltsprachen, sondern auch mit professionell (um-)gestalteten Foto- und Videostrecken abdecken, mit Staatsgeldern befeuert werden, lässt sich am Beispiel der chinesischen Nachrichtenagentur demonstrieren. Nicht nur beschäftigt *Xinhua* mit mehr als 13.000 Mitarbeiter:innen deutlich mehr Menschen als alle unabhängigen Nachrichtenagenturen in Europa zusammen, ihr Logo prangte für einige Zeit auch auf einer der prominentesten Werbeflächen der westlichen Welt. Mitten auf dem Times Square ließ sich das Organ der kommunistischen Zentralregierung als Nachrichtenquelle promoten: genau an der gleichen Stelle, an der zuvor die Agentur *Reuters* für ihre Dienste geworben hatte.

In der unmittelbaren Kriegsberichterstattung – mitten im *War on Information* – ist die Lage und Beurteilung der Quellen das wichtigste und gleichsam schwierigste Momentum für unabhängige Agenturredaktionen. Quellen wie internationale Agenturen, die direkt vor Ort sind, müssen sich häufig selbst auf ihre jeweiligen Quellen verlassen, ohne diese direkt verifizieren zu können. Oftmals lassen sich Sachverhalte erst nach und nach durch zusätzliche und Originalquellen überprüfen, weshalb Erstmeldungen zu bestimmten Themen mit dem Hinweis »diese Informationen konnten noch nicht verifiziert werden« versehen werden müssen. Auch hier gilt: Der *Free Flow of Information* kann bestmöglich durch mehrere unterschiedliche, nach journalistischen Kriterien überprüfbare Vor-Ort-Quellen aufrechterhalten werden. Diese in der Kriegsberichterstattung entscheidende Funktion obliegt – neben einzelnen Journalist:innen, die als Korrespondent:innen für ein oder mehrere Medien berichten – insbesondere den internationalen Nachrichtenagenturen. Die internationalen Agenturberichterstatter sind eigens geschulte Redakteur:innen, die oftmals – direkt in militärische Einheiten eingebettet – von unmittelbaren Kriegsschauplätzen unter Lebensgefahr berichten *(Embedded Journalism)*. Eine außerordentlich bedeutsame Rolle haben hier die Redakteur:innen der französischen Nachrichtenagentur *AFP* inne. Aktuell berichten rund 35 Redakteur:innen der *AFP* aus unterschiedlichen Einsatzorten in der Ukraine. So waren es auch *AFP*-Redakteur:innen, die als eine der Ersten die schrecklichen Bilder vom russischen Massaker an der ukrainischen Bevölkerung in Butscha dokumentieren mussten. Diese traumatisierenden Bilder, die die Realität dieses Krieges abbilden, gehen als sogenannte *Graphic Fotos* in die Bildredaktionen der Agenturen und werden dort für die weitere, sensible mediale Verwendung für Endkonsument:innen selektiert. Letztlich werden diese von den internationalen Agenturredakteuren in Form von Bildmaterial erfassten Massaker eine wesentliche Dokumentationsgrundlage für ein zukünftiges Kriegsverbrechertribunal in Den Haag sein.

Wie wichtig diese Quellen in der Kriegsberichterstattung sind, zeigt die unmittelbare Reaktion der Russen nach dem Bekanntwerden der Ereignisse in Butscha,

AFP-Redakteur:innen in der Ukraine (Stand Frühjahr 2022): »A very significant set-up since Feb; 35 people on the ground in Ukraine; most of our teams are now in the east: Kramatorsk, Zaporihzhia, Kharkiv, Luhansk and Dnipro. We also have teams in Kyiv, Lviv and stringers in Odessa.« [1]

als die russische Staatsagentur *TASS* in einer ersten Reaktion die Bilder als »gestellt« eingestuft hat. An dieser Stelle kommt eine neue redaktionelle Disziplin im Agenturjournalismus zum Tragen, die diesen absurden Vorwurf entkräftet hat: Fact-Checking. Meldungen von unabhängigen Agenturen müssen immer dem Gebot der faktenbasierten Berichterstattung unterliegen, die neue Disziplin des Fact-Checkings verfolgt eine zusätzliche Stoßrichtung: Es werden gezielt Texte, Bilder oder Videos insbesondere aus den sozialen Netzwerken oder von Propagandaeinrichtungen auf ihre Faktizität überprüft. Neben dem Begriff des

---

1 AFP – Agence France-Press: Kriegsberichterstattung der Nachrichtenagentur *AFP* in der Ukraine, unveröffentlichte Präsentationsunterlage für *EANA*, Sarajevo, Mai 2022.

War on Information tauchen in der Kriegsberichterstattung die Bezeichnungen *Fog of War* oder *false flag operations* auf, weil gerade in der staatlichen Kriegspropaganda viele Verschleierungsversuche durch Fälschungen in Bild- oder Videomaterialien stattfinden. Die erste Hochkonjunktur erlebte das Fact-Checking in den USA während der Amtsperiode von US-Präsident Donald Trump, als politische Lügen zunehmend ihren Niederschlag in Verschwörungstheorien in den sozialen Netzwerken fanden und durch die bekannten Mechanismen der digitalen Kommunikation auf den Plattformen diffundierten. In Europa fand Fact-Checking zeitgleich mit dem starken Aufkommen von Verschwörungstheorien und Desinformation im Zusammenhang mit der Coronapandemie Einzug in die Agentur-Newsrooms. Unabhängig davon, ob Trump, COVID-19 oder Krieg: Fact-Checking verfolgt stets das Ziel, objektivierbare Einschätzungen und Analysen über den Faktengehalt von Behauptungen in Texten, Bildern und Videos zu geben. Die Methoden des Fact-Checkings ähneln der Logik der Beweisführung vor Gericht: Es werden Indizienketten aufgebaut, die Schlussfolgerungen ermöglichen, um die Faktizität einer Behauptung zu verifizieren beziehungsweise zu falsifizieren. Technisch erfolgt Fact-Checking im Regelfall mithilfe von Instrumenten der *Open Source Intelligence (OSINT)*. Dabei wird zur Einordnung des jeweiligen Kontextes auf alle verfügbaren Datenbanken zugegriffen. Im Falle von Bildmaterial sind das beispielsweise Wetterdaten (Sonnenstand, Schatten, Regen etc.), geografische Kartendienste, Kriegsgerät-Kategorisierungen, landwirtschaftliche Daten, Bild-Rückwärts-Suchen etc. Eine konkrete Frage kann lauten: Kann es stimmen, dass auf einem

Foto mit einem bestimmten Datum Lindenbäume zu dieser Jahreszeit blühen? Im Rahmen der Bilder von Butscha wurden derartige Methoden zur Beweisführung der Echtheit des Agenturmaterials erfolgreich angewandt.

Die österreichische *APA* ist eines der ersten Medienunternehmen Österreichs, das sich beim renommierten Poynter-Institut im Rahmen eines aufwendigen Prozesses für Fact-Checking zertifizieren ließ und seitdem ein eigenes Fact-Checking-Ressort im Newsroom betreibt. Damit verbunden ist die Mitgliedschaft im *International Fact Checking Network*. Im Rahmen einer Kooperation mit der *Deutschen Presse-Agentur* werden entsprechende Aktivitäten – sowohl Fact-Checking selbst als auch Schulungen für Journalist:innen – von den großen Plattformen finanziert. Einen wesentlichen Meilenstein in der organisatorischen Entwicklung stellt die Zusammenarbeit von deutschsprachigen Fact-Checker:innen und Wissenschaftler:innen im Rahmen der Initiative *GADMO (German Austrian Digital Media Oberservatory)* dar. Teil dieses Netzwerkes sind unter anderem *APA, dpa, AFP* und *Correctiv*. Der Output der länderübergreifenden koordinierten Bekämpfung von Falschinformationen wird auf einer eigenen Webplattform laufend publiziert.

Fallstudie: Bahnhof Charkiw

Ein in den sozialen Medien geteiltes Foto:
Menschen an einem Bahnhof in der Ukraine

Seit der russischen Invasion flieht eine große Anzahl von Menschen aus der Ukraine. Die Bilder der fliehenden Ukrainer:innen werden stark verbreitet, so etwa auch ein virales Bild, das vom Bahnhof der unter Beschuss stehenden Stadt Charkiw stammen soll. Zu sehen ist eine Menschenmasse auf dem Bahnsteig. Manche User:innen sind sich unsicher, ob das Bild, das oft auch in einer schwarz-weißen Version geteilt wird, tatsächlich echt ist.

Einschätzung: Es gibt keine Anzeichen, dass es sich um eine Bildfälschung handelt. Der Ort lässt sich verifizieren und der Zeitraum einschränken. Unklarheit herrscht allerdings darüber, wer das Foto aufgenommen hat.

Details Bahnhof Charkiw, wie auf *Google Maps* gezeigt

Beschilderung und Dach, wie auf *Google Maps* gezeigt

Der Faktencheck¹ zeigt: Das Foto ist tatsächlich am Bahnhof in Charkiw entstanden. Im Bild finden sich einige Hinweise, die sich überprüfen lassen, wie etwa die Fassade des Gebäudes rechts, die auffällige viereckige Anzeigetafel, die Nummerierung der Bahnsteige sowie Gebäude mit rundem Dach. All diese Details finden sich auch in Aufnahmen des Bahnhofs bei *Google Maps* wieder.

Zeitlich lässt sich die Aufnahme zumindest auf die letzten Jahre beschränken. Es sind einige Leute zu sehen, die Masken über Mund und Nase tragen, was vor dem Ausbruch der Coronapandemie Anfang 2020 sehr

---

1 APA-Faktencheck (18.3.2022), go.apa.at/mUHv5lSF; Bilder basierend auf: Correctiv-Faktencheck (14.3.2022), go.apa.at/FvZTDm1d

unwahrscheinlich gewesen wäre. Die Kleidung der abgebildeten Personen legt ein Aufnahmedatum in den Wintermonaten nahe. Ein Aufkommen des Fotos im Winter 2021 konnte nicht nachgewiesen werden, auch konnten keine Anlässe in diesem Zeitraum gefunden werden, die einen derartigen Menschenauflauf am Charkiwer Bahnhof begründet hätten.

Bezüglich der Quelle des Fotos herrscht allerdings Unklarheit. Einige Beiträge in sozialen Medien schreiben die Urheberschaft verschiedenen Quellen zu, wie etwa der Nachrichtenagentur *NEXTA,* einem Mitarbeiter des ukrainischen Innenministeriums oder dem deutschen Schriftsteller *Wladimir Kaminer,* die die Bilder am 7. März geteilt haben. Tatsächlich findet sich allerdings bereits vom 5. März ein *Instagram*-Beitrag mit dem Bild, auf den etwa auch die *Daily Mail* verweist. Aber auch hier handelt es sich in Wirklichkeit nicht um die Originalquelle, der User verneint in den Kommentaren eine Urheberschaft an dem Bild.

Die *Euromaidan Press* gibt als Quelle einen Mann namens *Andriy Tsaplienko* an. Diese Angabe konnte allerdings nicht verifiziert werden. Auf Tsaplienkos *Telegram*-Kanal wurde das Bild auch erst am 7. März gepostet.

Obwohl der Bahnsteig mit Menschen überfüllt ist, erweist es sich als schwierig, andere Aufnahmen zu finden, die eine ähnliche Perspektive zeigen und sich verifizieren lassen. Ein paar Aufnahmen der Menschenmenge in Charkiw lassen sich allerdings in indischen Medien entdecken, die über die Flucht indischer Staatsangehöriger aus der Stadt berichteten. Diese Fotos sind allerdings am nördlichen Ende des Bahnsteigs entstanden, der auf dem Bild gar nicht mehr zu sehen ist. Einen guten Einblick, wie groß der Ansturm auf die Züge im Bahnhof war, zeigt aber auch ein Bericht des *Guardian*.

Eine Analyse mit fotoforensischen Tools ergab keine Auffälligkeiten. Auch Dopplungen oder Unstimmigkeiten konnten keine gefunden werden.

Interview mit Wladimir Putin

4. Interview mit Wladimir Putin
»Ich wollte ein freundlicher Gastgeber sein«

Der Krieg Russlands gegen die Ukraine offenbart sich als Kampf gegen den Westen insgesamt: Der russische Machthaber Wladimir Putin hat einige Monate vor Kriegsbeginn in einem Interview mit ausgewählten Agenturchef:innen sein vom Angriff auf das westliche Modell geprägtes Weltbild offengelegt. Das Interview fand – coronabedingt per Video – am 4. Juni 2021 am Rande des Sankt Petersburger Wirtschaftsforums (SPIEF) statt. Für eine unabhängige Nachrichtenagentur undenkbar, wurde das Interview von der russischen *TASS* organisiert und fand im Beisein und unter Moderation des *TASS*-Generaldirektors Sergey Mikhailov statt.

Mikhailov steht inzwischen, seit dem 8. April 2022, auf der EU-Sanktionsliste mit folgender Begründung: »Er ist Generaldirektor der *TASS*, der größten russischen Nachrichtenagentur, die über ihr ausgedehntes Netz

Interview mit Wladimir Putin

ausländischer Vertretungen (70 Büros in der Gemeinschaft Unabhängiger Staaten und 68 Büros auf der ganzen Welt) verfälschte Informationen über die Ukraine verbreitet und den Interessen der politischen Führung der Russischen Föderation dient. Präsident Vladimir Putin hat ihm den Orden der Freundschaft verliehen. Sergey Mikhailov gehört der Personalreserve des russischen Präsidenten an. Somit unterstützt er Handlungen oder politische Maßnahmen, die die territoriale Unversehrtheit, Souveränität und Unabhängigkeit der Ukraine sowie die Stabilität und die Sicherheit in der Ukraine untergraben oder bedrohen.«

Putin nutzte das Instrument der staatlichen Nachrichtenagentur zur Durchführung und die Bühne des Interviews mit Vertreter:innen von Nachrichtenagenturen zur direkten Kommunikation *on records*. Das Interview wurde per Dolmetsch durchgeführt. Meine Einstiegsfragen in das Interview mit Wladimir Putin griffen das damalige Top-Thema der in Minsk erzwungenen Landung eines Linienfluges von Athen nach Vilnius mit dem regierungskritischen belarussischen Blogger und Journalisten Roman Protassewitsch an Bord auf:

1. How do you judge the relationship of Russia to Austria? On the one hand, as relations with other mid-European countries like Czechia, Slovakia, Poland and Germany seem to deteriorate following the uncovering of alleged intelligence and hacking activities. On the other hand, as the cancelation of the Austrian Airlines flight from Vienna to Moscow on May 27 was a big issue not only in Austria. There was no alternative flight-route allowed by Russia in bypass-

ing Belarus as a consequence of the European Council meeting after the forced landing with Mr. Protassewitsch on board and his arrest in Minsk. Is Russia still a reliable partner for Austria in civil aviation as it is in the field of energy supplies for more than 50 years?
2. Could you imagine to use your power and your influence on Belarus in order to support to set the journalist Mr. Protassewitsch free to guarantee free travelling and a free flow of information?

Nach einer ersten Antwort, dass er, Putin, nichts von einem gesperrten Luftraum wisse und die Landung in Minsk mit Protassewitsch an Bord wohl rein flugsicherheitstechnische Gründe hatte, holte der russische Machthaber aus. Er forderte mit dem umstrittenen Gesetz gegen »ausländische Agenten«, das mehrere Medien im Lande letztlich dazu gezwungen hatte, ihre Arbeit einzustellen, keine Einmischung des Westens in innerrussische Angelegenheiten. Und anstatt sich einzumischen, so Putin sinngemäß weiter, solle Europa, das Demonstrant:innen »die Augen ausschlägt«, vielmehr vor seinen eigenen Türen kehren, die große Medienvielfalt in Russland zu schätzen wissen und endlich damit aufhören, russische Journalist:innen und insbesondere jene des Staatssenders RT an ihrer Arbeit zu hindern und durch technische und finanzielle Hürden zu »ersticken«. In weiterer Folge leitete Putin, sichtlich in die Offensive gehend, mit dem Satz »Herr Pig, eigentlich wollte ich ein freundlicher Gastgeber für Sie sein« auf ein anderes Thema über und forderte von mir eine Antwort auf die offensiv vorgetragene Gegenfrage ein, warum ich die erzwungene Landung in

Interview mit Wladimir Putin

»Eigentlich wollte ich ein freundlicher Gastgeber für Sie sein – aber Sie drängen mich in diese Fragen.«

Wladimir Putin, 4. Juni 2021

Minsk zum Thema mache, wo doch vor einigen Jahren das Regierungsflugzeug des bolivianischen Staatspräsidenten auf dem Weg von Moskau nach Bolivien durch die Sperrung des westeuropäischen Flugraums gerade in Wien landen musste, da die USA Edward Snowden an Bord vermutet hatten, was sich als falsch herausstellte. Der damalige bolivianische Staatspräsident Evo Morales wurde in der Nacht am Terminal in Wien-Schwechat vom österreichischen Bundespräsidenten Heinz Fischer in Empfang genommen. Meine Antwort darauf lautete als Schlussfrage: »Mr. Putin, this was not my question. My question was, if you could use your power and influence in Belarus, to set Mr. Protassewitsch free in order to guarantee free travelling and a free flow of information?« Letztlich quittierte Putin diese Frage mit dem Hinweis, dass er für Reise- und Meinungsfreiheit eintrete und überdies sein Einfluss als russischer Präsident nicht so groß sei ...

APA0041 5 AI 0346 MA/KA
Sa, 05.Jun 2021
Medien/Staatsoberhaupt/Nachrichtenagentur/APA/Russland/Wien

Putin für gemeinsame Standards mit dem Westen

Utl.: Russischer Präsident über Stornierung von AUA-Flug uninformiert =

St. Petersburg/Wien (APA) - Der russische Präsident Wladimir Putin hat sich am Rande des Internationalen Wirtschaftsforums in St. Petersburg gegen "Doppelmoral" ausgesprochen. "Wir müssen diese Doppelstandards loswerden!", forderte der russische Präsident am späten Freitagabend in einer Videokonferenz mit den Chefs internationaler Nachrichtenagenturen u.a. mit APA-Geschäftsführer Clemens Pig. Angesprochen auf die Verkehrssicherheit angesichts stornierter Flüge gab sich Putin uninformiert.

"Das höre ich zum ersten Mal", sagte Putin auf die APA-Frage nach der Absage des geplanten Austrian Airlines Linienflugs aus Wien nach Moskau Ende Mai, weil die russischen Behörden der Maschine keine Genehmigung für eine Alternativroute zur Umgehung des weißrussischen Luftraums erteilt hatten. "Wir haben sehr gute Beziehungen zu Österreich, schätzen das und erachten das Land als verlässlicher Partner in Europa", betonte Putin.

Erneut zog er einen Vergleich zwischen der von Belarus erzwungenen Landung mit dem regierungskritischen Blogger Roman Protassewitsch an Bord und der Causa des damaligen bolivianischen Präsidenten Evo Morales, dessen Flugzeug 2013 nach dem Entzug von Überfluggenehmigungen durch westeuropäische Staaten in Wien-Schwechat gelandet war. Putin betonte auf Nachfrage von Clemens Pig, dass "Verkehr, Mobilität und Meinungsfreiheit sehr wichtige Werte sind". Russland "verstecke nichts" und sei "zum offenen Gespräch bereit".

Putin forderte "gemeinsame Standards". Es dürfe nicht sein, dass in Europa Demonstrationen mit Tränengas und Gummigeschoßen, die zum Verlust eines Auges führen können, aufgelöst werden dürfen, in Belarus aber Verhaftung von Demonstranten nicht. Es sei nötig, allgemeingültige Kriterien für den Umgang mit Demonstrationen zu formulieren, erklärte Putin.

Der Präsident verteidigte außerdem das umstrittene Gesetz gegen "ausländische Agenten". Russland verhindere damit die Einmischung in seine inneren Angelegenheiten. Aufgrund des Gesetzes mussten zuletzt mehrere Medien ihre Arbeit einstellen. Putin dagegen erklärte, dass die Medienvielfalt in seinem Land groß sei. Zudem warf er dem Westen vor, russische Journalisten insbesondere des russischen Staatssenders RT mit Schwierigkeiten zu konfrontieren. Es gebe Versuche, die Arbeit russischer Journalisten zu "ersticken" durch technische und finanzielle Schranken. Putin forderte hier Gleichbehandlung.

(Schluss) hgh/ade/ed

APA0041 2021-06-05/09:09
050909 Jun 21

(c) APA - Austria Presse Agentur

APA-Meldung Putin-Interview, 5. Juni 2021

»Democracy Dies in Darkness«

Interview mit Wladimir Putin

Ich begreife Journalismus als Kind der Aufklärung. Eine der zentralen Funktionen dabei ist die kritische Reflexion der Handlungen von Mächtigen und Regierenden. Mein Interview mit Putin hat in seinen Antworten in gewisser Weise die argumentativen Schatten des Ukraine-Krieges vorausgeworfen und Putins Angriff auf das westliche Modell insgesamt gezeigt. Dies ist verbunden mit allem – wie in der folgenden Sezierung des Interviews dargelegt –, was das kommunikative Antwort-Repertoire in Putins Ausprägung kennt: KGB-Techniken in der Fragebeantwortung, Gegenvorwürfe und Gegenfragen an mich als Interviewer und Ablenken von meinen eigentlichen Fragen betreffend Meinungs- und Reisefreiheit:

- *KGB-Techniken* (Abstreiten): Interview-Frage zur Sperrung des Luftraums, Antwort: »nie gehört« beziehungsweise »das höre ich zum ersten Mal«.
- *Agenda-Surfing* (Ablenkungsmanöver): Interview-Frage zur erzwungenen Landung in Minsk, Antwort: sofortiger Vergleich mit der durch Entzug der Überfluggenehmigung durch westeuropäische Staaten notwendigen Landung des Flugzeuges des bolivianischen Staatspräsidenten Evo Morales in Wien.
- *Agenda-Cutting (What-Aboutism)*: Interview-Frage zur Reise- und Meinungsfreiheit in Belarus, Antwort: Gegenvorwurf zum Umgang mit Demonstrant:innen in Europa, wo der Einsatz von Tränengas und Gummigeschossen zum Verlust der Augen von Demonstrant:innen führen würde.

- *Agenda-Setting:* Formulierung der politischen Message durch Putin: keine Einmischung des Westens in innerrussische Angelegenheiten, Gleichbehandlung mit dem Westen, keine Doppelmoral, Kritik an Einschränkungen russischer Staatsmedien in Westeuropa.

Überraschend in meinem Interview mit Putin war für mich die Emotionalität, mit der er auf meine Fragen reagiert hat. Letztlich lassen sich seine Antworten inhaltlich auf einen gemeinsamen Nenner zusammenführen, die helfen, Putin *wirklich zu verstehen:* Putins fundamentale Auseinandersetzung mit dem westlichen Modell insgesamt. Meine geschärfte Erkenntnis ist wiederholend, dass der Weg zu autokratischen und diktatorischen Regimen immer über das Ausschalten der Opposition und ihrer Sprachrohre, die Unterwerfung der unabhängigen Justiz unter staatliche Kontrolle und im ersten Schritt im Abdrehen freier Medien und unabhängiger Berichterstattung erfolgt: »Democracy Dies in Darkness.«

Wir Medien sind besonders gefordert, sensibilisiert zu sein und frühzeitig dagegenzuhalten.

Europ
Nachr
agent

5. Europas Nachrichtenagenturen
The various faces of reality

So vielfältig Europa selbst ist, so vielfältig präsentieren sich auch die europäischen Nachrichtenagenturen: nationale, internationale, private und (teil)staatliche Agenturen.

Die folgende Übersicht über die einzelnen in Europa agierenden Nachrichtenagenturen fokussiert auf Full-Service-Agenturen, die als Abgrenzung zu fachspezifischen Informationsprovidern über eine Vollabdeckung aller Ressorts verfügen (Innenpolitik, Außenpolitik, Chronik, Wirtschaft, Sport etc.) und in der *European Alliance of News Agencies (EANA)* organisiert sind. Im Regelfall ist pro Land nur die jeweils führende Vollagentur Mitglied der *EANA*.

Die Tabelle weist auch die Mitgliedschaft der Agenturen in weiteren ausgewählten Agenturverbänden (*MINDS* und *Gruppe 39*) aus.

»Democracy Dies in Darkness«

Europas Nachrichtenagenturen

Kürzel	Name	Land	EANA	MINDS	G39
AA	Anadolu Agency	TUR	✓	✓	
AFP	Agence France-Presse	FRA	✓	✓	
AGERPRES	Romanian National News Agency	ROU	✓		
ANA	Andorran News Agency	AND	✓		
ANA-MPA	Athens News Agency – Macedonian Press Agency	GRE	✓	✓	
ANP	Dutch News Agency	NED	✓	✓	✓
ANSA	Agenzia Nazionale Stampa Associata	ITA	✓	✓	✓
APA	Austrian Press Agency	AUT	✓	✓	✓
ATA	Albanian Telegraphic Agency	ALB	✓		
AZERTAC	Azerbaijan State News Agency	AZE	✓		

Kürzel	Name	Land	EANA	MINDS	G39
Belga	Belgian News Agency	BEL	✓	✓	✓
BTA	Bulgarian News Agency	BUL	✓	✓	
CNA	Cyprus News Agency	CYP	✓		
CTK	Czech News Agency	CZE	✓	✓	
dpa	German Press Agency	GER	✓	✓	✓
EFE	Spanish News Agency	ESP	✓	✓	
FENA	Federal News Agency	BIH	✓		
HINA	Croatian News Agency	CRO	✓		
KosovaPress	KosovaPress	KOS	✓		
K-SDA	Keystone-SDA	SUI	✓	✓	✓
LUSA	Portuguese National News Agency	POR	✓	✓	
MTI	Hungarian News Agency Corp.	HUN	✓		
NTB	Norwegian Press Agency	NOR	✓	✓	✓

»Democracy Dies in Darkness«

Europas Nachrichtenagenturen

Kürzel	Name	Land	EANA	MINDS	G39
PA	PA Media	GBR	✓		✓
PAP	Polish Press Agency	POL	✓	✓	
Ritzau	Ritzaus Bureau A/S	DEN	✓	✓	✓
STA	Slovene Press Agency	SLO	✓		
STT	Finnish News Agency	FIN	✓	✓	✓
TANJUG	Tanjug News Agency	SRB	✓		
TASR	Slovakian Press Agency	SVK	✓		
TASS	Russian News Agency	RUS	✓		
TT	Tidningarnas Telegrambyrå	SWE	✓	✓	✓
UKRINFORM	Ukranian National News Agency	UKR	✓		
Total			33	18	11

MINDS: Weitere, nichteuropäische Mitgliedsagenturen sind AAP (Australien), AP (USA), CP (Kanada), Kyodo (Japan) und Reuters

Europas Nachrichtenagenturen sind in verschiedenen Verbänden oder Gruppen mit unterschiedlichen Zielsetzungen und regionalen Schwerpunkten organisiert. Im Folgenden werden drei dieser Verbände und Networks vorgestellt: *Gruppe 39 – Vereinigung der unabhängigen Nachrichtenagenturen Europas, EANA – European Alliance of News Agencies,* und *MINDS – Mobile Information and News Data Services.*

Vereinigung der unabhängigen Nachrichtenagenturen Europas (Gruppe 39)

Den ältesten Zusammenschluss privater Agenturen in Form eines nicht registrierten Clubs stellt die *Vereinigung der unabhängigen Nachrichtenagenturen Europas* dar, kurz *Gruppe 39*. Die Zahl 39 geht auf die Gründung im Jahr 1939 zurück und stellt für mich eines der faszinierendsten, spannendsten und mutigsten Kapitel in der Geschichte der Nachrichtenagenturen insgesamt dar. Sieben nationale Agenturen Europas gründeten im Jahr 1939 zur Sicherstellung eines unabhängigen Nachrichtenaustauschs während des Zweiten Weltkrieges die sogenannte *Hellcommune*, benannt nach den *Hellschreibern*, speziellen Geräten zum Nachrichtenaustausch. Bei den sieben nationalen Agenturen handelte es sich um Schweden (*TT*), Norwegen (*NTB*), Finnland (*STT*), Dänemark (*Ritzau*), Belgien (*Belga*), Niederlande (*ANP*) und die Schweiz (*sda*). Die Gruppe nahm im Dezember 1939 provisorisch und im Februar 1940 ihren direkten Austauschdienst auf. Bereits im Mai 1940 fiel der Dienst, konkret die Sendeanlage *Radio Kootwijk*, der deutschen Wehrmacht zum Opfer. Dennoch: Nach Kriegsende nahmen diese Agenturen wieder ihren Austauschdienst auf, ab jetzt per Fernschreiber, und organisierten sich im Austausch als Gruppe.

Agentur	In Pressebesitz seit	Gründung
PA, London	1868	1868
SDA, Bern	1894	1894
NTB, Oslo	1918	1867
TT, Stockholm	1921	1867
ANP, Den Haag	1934 (–2003)	1934
Reuters, London	1941 (–1985)	1851
ANSA, Rom	1945	1853
STT, Helsinki	1945/46	1887
APA, Wien	1946	1849
Belga, Brüssel	1946/47	1921
Ritzau, Kopenhagen	1947	1866
DPA, Hamburg	1949	(1849)
BNS, Tallinn	2001	1990

Gründung der unabhängigen Nachrichtenagenturen Europas [1]

Im Jahr 1956 wurde die *Austria Presse Agentur* als achtes Mitglied in die Gruppe der unabhängigen Agenturen Europas aufgenommen. Mehr als sechzig Jahre später, im Jahr 2019, anlässlich der Generalversammlung zum 80-jährigen Bestandsjubiläum der *Gruppe 39* in Wien, konnte ich als Präsident der *Gruppe 39* eine Statutenreform

---

[1] Vyslozil, Wolfgang: Group 39. History of an Exceptional Alliance of News Agencies – Character, Business & Policy of Independent News Agencies in Europe. Wien, 2014, S. 35

APA-Fotoservice / Krisztian Juhasz

Die Statuten der *Group 39* in ihrer aktuell gültigen Fassung, anlässlich des 80-jährigen Gründungsjubiläums 2019 in Wien zur Aufnahme der ebenfalls unabhängigen Nachrichtenagenturen Deutschlands *(dpa)* und Großbritanniens *(PA Media)* in diesen *Club der Unabhängigen* veranlassen. Die jahrzehntelange europäische Integration machte für mich die Aufnahme von *dpa* und *PA Media* zum längst überfälligen Schritt und sollte die bis dahin gültige Regel, dass nur nationale Agenturen Mitglied der *Gruppe 39* sein können, durch das verbindende Element der staatlichen Unabhängigkeit der Mitgliedsagenturen ablösen. Die *Gruppe 39* als Club der unabhängigen Agenturen Europas wuchs damit auf zehn Mitglieder an.

Der Blick auf die historische Entwicklung einiger Agenturen nach dem Zweiten Weltkrieg wie im Falle der *APA* (1946) oder der *dpa* (1949) zeigt einen identen Gründungsstrang bei der italienischen Nachrichtenagentur *ANSA*. *APA*, *dpa* und *ANSA* sind nach dem Zweiten Weltkrieg als kooperativ organisierte Nachrichtenagenturen im Eigentum von Medien neu gegründet worden.

Zur weiteren Stärkung der Plattform der privaten und unabhängigen Agenturen in einem zunehmend von Desinformation geprägten digitalen Umfeld war es für mich ein logischer Schritt, die Aufnahme der *ANSA* in die *Gruppe 39* zu initiieren. *ANSA* wurde 2022 als elftes Mitglied aufgenommen.

Als älteste Vereinigung unabhängiger Agenturen hat die *Gruppe 39* damit eine sehr dynamische Entwicklung in den vergangenen fünf Jahren verzeichnet und konnte ihre Mitgliederzahl und dadurch ihren professionellen Austausch stärken. Eine wesentliche Maßnahme in diesem Austausch stellen die jährlich durchgeführten *Comparative Figures* als Instrument des Benchmarkings

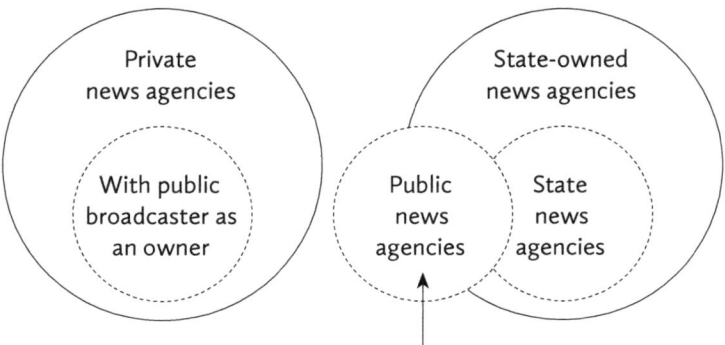

Formen privater und staatlicher Nachrichtenagenturen [1]

innerhalb der Agenturen dar. Diese Daten erfassen umfassende betriebswirtschaftliche Kennzahlen sowie den Produktionsoutput der Agenturen und ermöglichen eine wichtige länderübergreifende Einordnung, zumal ein nationaler Vergleich von Agenturen im Regelfall nicht möglich ist, da in den meisten Ländern nur eine Vollagentur tätig ist. Private Agenturen sind wie private Medienunternehmen betriebswirtschaftlich geführt und benötigen dieses Benchmarking für ihre innovations- und wettbewerbsorientierte Weiterentwicklung.

Was charakterisiert unabhängige Nachrichtenagenturen in Abgrenzung zu voll- oder teilstaatlichen Agenturen in Europa? Eine allgemeingültige, wissenschaftliche Definition von unabhängigen Nachrichtenagenturen ist mir nicht bekannt. Im Zuge der Aufnahme von *ANSA* in die

---

[1] Nach: Classification of news agencies based on ownership: Rantanen, Terhi; Jääskeläinen, Atte; Bhat, Ramnath; Stupart, Richard & Kelly, Anthony: The future of national news agencies in Europe. Executive Summary. London School of Economics and Political Science, London, 2019.

Gruppe 39 habe ich folgenden Kriterienkatalog zur Beschreibung der Merkmale von staatlich unabhängigen Nachrichtenagenturen formuliert:
1. Eigentümerstruktur,
2. Aufsichtsorgane,
3. Finanzierung,
4. Personalbestellung
5. Weisungsfreiheit.

Eigentümerstruktur: Das konstitutive Element zur Definition einer privaten Nachrichtenagentur stellt die Frage nach der Eigentümerstruktur dar. Die allermeisten unabhängigen Agenturen stehen in einer pluralistischen Eigentümerschaft von Medien. Bei der *APA* sind das beispielsweise zwölf Tageszeitungen und der österreichische Rundfunk. Diese Agenturen sind damit Kapitalgesellschaften und keine vom Staat per Gesetz gegründeten Agenturen. Allein dieser Umstand immunisiert eine freie Agentur vor politischer Einflussnahme, da die Medienunternehmen als Eigentümer der Agentur gleichsam deren zentrale Kunden sind und damit einen bestmöglich ausgewogenen redaktionellen Dienst für die weitere Produktion benötigen.

Aufsichtsorgane: Neben der Eigentümerstruktur definieren die Organe einer Agenturgesellschaft, im Regelfall Vorstand, Aufsichtsrat oder Verwaltungsrat, den Grad der Unabhängigkeit. Die Organe von völlig freien Agenturen sind nicht von staatlichen Akteur:innen besetzt, sondern die Mandatierung erfolgt ausschließlich durch Wahl in der Generalversammlung der Gesellschaft.

Finanzierung: Die Finanzierung der Agentur im Sinne der erwirtschafteten Erlöse gibt Aufschluss, ob die

Agentur ihre Betriebsleistung mehrheitlich durch private Dienstleistungsverträge erwirtschaftet oder mit öffentlichen Geldern direkt subventioniert wird. Freie Agenturen sind im Regelfall frei von direkten staatlichen Subventionen. In diesem Zusammenhang sind unabhängige Nachrichtenagenturen markt- und wachstumsorientiert, weil sie den Agenturbetrieb aus eigener Kraft finanzieren müssen. Der Diversifizierungsgrad ist somit ein indirekter Indikator für die Definition einer privaten Agentur; wenig überraschend haben Staatsagenturen den geringsten Diversifizierungsgrad, weil sie von öffentlichen Geldern gespeist werden und gar nicht oder nur eingeschränkt einer umsatzorientierten Wachstumslogik unterliegen.

Personalbestellung: Als viertes Kriterium kann die Bestellung der operativen Führung einer Nachrichtenagentur festgelegt werden, insbesondere von Geschäftsführung und Chefredaktion. In freien Agenturen erfolgt die jeweilige Bestellung durch die unabhängigen Organe der Gesellschaft – Vorstand, Aufsichtsrat oder Verwaltungsrat. Die Bestellung der Führungsspitze von Staatsagenturen beginnt – und endet – hingegen oftmals parallel mit Parlaments- oder Präsidentschaftswahlen.

Weisungsfreiheit: Als abschließendes Merkmal für eine unabhängige Nachrichtenagentur gilt die absolute Weisungsfreiheit in der täglichen redaktionellen Produktion, die zusätzlich zu gesetzlichen Grundlagen durch ein eigenes Redaktionsstatut abgesichert wird.

Angesichts des hohen Anteils an Nachrichtenagenturinhalten am gesamten Medienangebot ist die Zahl der tatsächlich vom Staat unabhängigen Nachrichtenagenturen vergleichsweise gering. Von weltweit rund 140

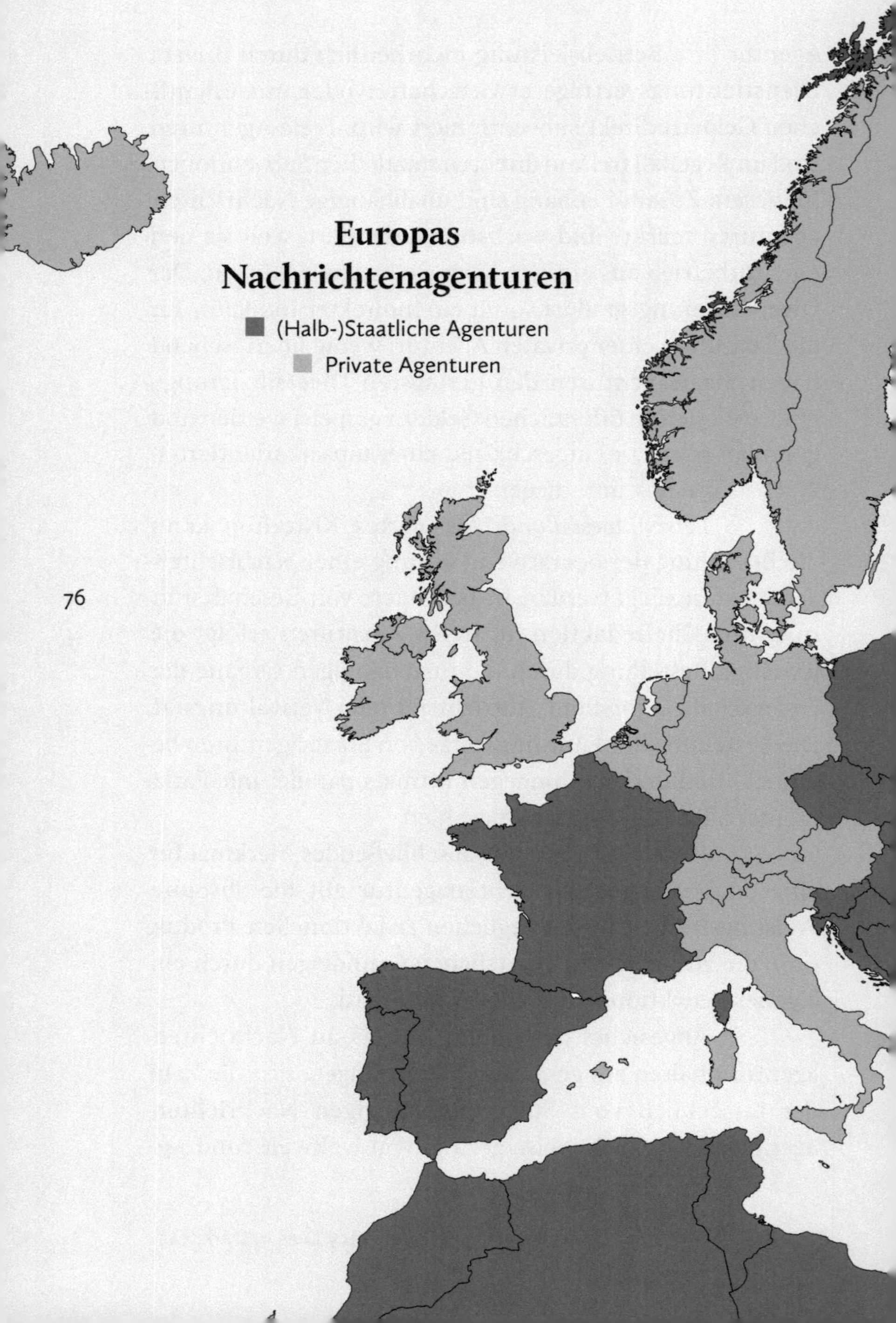

Europas Nachrichtenagenturen

- (Halb-)Staatliche Agenturen
- Private Agenturen

Nachrichtenagenturen sind lediglich rund zwanzig frei von staatlichem Einfluss. Die privaten Nachrichtenagenturen stehen im Regelfall im Eigentum von Medien in Demokratien westlichen Zuschnitts. Die Hälfte der weltweit unabhängigen Agenturen ist wie beschrieben in Europa beheimatet. Die unabhängigen Agenturen haben keinen formalen oder gesetzlichen Auftrag zur Schaffung eines Public Value und zur Deckung dementsprechender Kosten. Sie generieren diesen Public Value aus sich selbst heraus durch ihren Unternehmenszweck, ihre Eigentümerstruktur und ihr redaktionelles Werte- und wettbewerbsorientiertes Geschäftsmodell. Unabhängige Nachrichtenagenturen haben damit einen passenden *Strategic Fit* zu marktwirtschaftlich orientierten Ländern mit liberal-demokratischer Verfasstheit (im Unterschied zu Ländern mit einem kapitalistischen Wirtschaftsmodell in totalitären staatlichen Strukturen oder Regimen). Sie stärken damit ein pluralistisches Medien- und Kommunikationssystem und garantieren durch ihr kooperatives, reichweiten-orientiertes Preismodell Absatz- und Bezugsmöglichkeiten von Agentur-Nachrichten für alle professionellen publizistischen Entitäten eines Landes: von kleinen Verlagen bis hin zu großen Medienhäusern.

EANA – European Alliance of News Agencies

Die *EANA* wurde 1956 von der *Gruppe 39* und weiteren westeuropäischen Agenturen sowie von der türkischen Agentur *Anadolu Agency* (*AA*) und der ex-jugoslawischen Agentur *Tanjug* gegründet. Insbesondere nach dem Zerfall Jugoslawiens hat *EANA* neue Mitglieder erhalten. Wesentliche Veränderungen in der Mitgliederstruktur stellen die beschriebene Suspendierung der russischen Staatsagentur *TASS* im Jahr 2022 dar; als jüngstes Mitglied wurde die kosovarische Agentur *KosovaPress,* eine privat geführte Agentur, in die *EANA* aufgenommen.

EANA ist für mich als Ort des Dialogs von nationalen und internationalen sowie privaten und (halb)staatlichen Nachrichtenagenturen die »UNO der europäischen Nachrichtenagenturen«. Wesentliches Ziel von *EANA* ist die Weiterentwicklung des Agenturmodells mit dem normativen Ziel der freien Agenturberichterstattung. Dazu finden jährliche Konferenzen zur Adressierung der zentralen Themen der Agenturbranche statt, beispielsweise zu Desinformation oder zur digitalen Mediennutzung von jüngeren Mediennutzer:innen. Eine große Rolle spielen EU-Themen, vor allem im Zusammenhang mit der Einführung des Leistungsschutzrechts. Ihre stärkste Kraft kann *EANA* im Schutz und in der Unterstützung ihrer Mitglieder entfalten. Mit Beginn der russischen Invasion in die Ukraine hat *EANA* unmittelbar begonnen, die ukrainische Nachrichtenagentur *Ukrinform* auf unterschiedliche Weise zu unterstützen: von der Organisation von Geldspenden zum Ankauf von Schutzwesten für die Redakteur:innen der *Ukrinform* über den Bezug des Dienstes der *Ukrinform* zur finanziellen Stärkung der Agentur bis zum Erwerb eines Dieselgenerators durch *EANA* für *Ukrinform* zur Aufrechterhaltung der Berichterstattung nach Stromausfällen in der Folge von Bombenangriffen. Darüber hinaus gibt es zahlreiche weitere Maßnahmen wie die Durchführung von Fact-Checking-Schulungen für Redakteur:innen der ukrainischen Nachrichtenagentur durch *AFP* und *APA* im Rahmen einer Finanzierung durch die *Calouste Gulbenkian Foundation.*

»Democracy Dies in Darkness«

Die Rahmenbedingungen für die ukrainische Nachrichtenagentur stellen sich nach Beginn des Krieges erwartungsgemäß bedrückend dar: Redaktionelles Arbeiten in privaten, abgedunkelten Appartements, Flucht in die Luftschutzbunker, familiäre Tragödien. Im Rahmen eines persönlichen Gesprächs mit dem Generaldirektor der *Ukrinform* informierte dieser, dass ein Teil der *Ukrinform*-Redakteur:innen mittlerweile als Soldat:innen verpflichtet sind. Neben den notwendigen materiellen Unterstützungen durch *EANA* und die einzelnen Mitgliedsagenturen selbst ist vor allem der persönliche Austausch zur Vermittlung der uneingeschränkten Solidarität mit der *Ukrinform* und der ukrainischen Bevölkerung ein wichtiges Signal, das seitens der *EANA*-Partneragenturen an *Ukrinform* laufend erneuert werden muss.

An diesem Punkt schließt sich der Kreis für das gleichzeitig »alte« wie neue Geschäftsmodell der Informationsprovider. Die »neue Weltordnung« der digitalen Information ist auf das traditionelle Handwerk des unabhängigen Journalismus – vor allem des unabhängigen Agenturjournalismus – angewiesen wie selten zuvor. Im Frühsommer 2022 habe ich als Präsident der *EANA* den Mitgliedern daher – nicht zuletzt unter dem Eindruck der Suspendierung der russischen *TASS* – die Frage gestellt, welche Rolle uns als europäischen Nachrichtenagenturen in dieser neuen Weltordnung neben Digitalisierung und Diversifizierung zukommt. Unsere Antwort war einhellig: *purpose,* also der Zweck, beziehungsweise die Bestimmung, die oben erwähnte Lufthoheit über freie, unbeeinflusste und unabhängige Nachrichtenströme entweder zu erhalten oder wiederzuerlangen. *Purpose*

Ausgewählte Agenturverbände

	EANA	Group 39	MINDS
Rechtsform	Verein	»Club«	Verein
Sitz	Bern, Schweiz	Rotierend	Frankfurt, Deutschland
Anzahl Mitglieder	33 (davon 1 Mitglied suspendiert)	11	23
Nur für private Agenturen	Nein	Ja	Nein
Geografische Fokussierung	Europa	Europa	International
Finanzierung	Mitgliedsbeiträge	Privat	Mitgliedsbeiträge
Strategische Zielsetzungen	Interessenvertretung, Stakeholder-Management, Fokus: agenturübergreifende Branchenthemen	Exklusiver Dialog, Benchmarking, Geschäftsmodelle und Diversifizierung	Experten-Austausch zu Innovations-, Digital- und Technologiethemen
Zielgruppe	CEO	CEO	C-Level
Konferenzen	2 pro Jahr	2 pro Jahr	2 pro Jahr
Präsident (Stand Sommer 2023)	Clemens Pig, APA, Österreich	Patrick Lacroix, Belga, Belgien	Martijn Bennis, ANP, Niederlande

»Democracy Dies in Darkness«

wurde damit als wichtigstes Ziel und gleichsam Chance der *EANA*-Mitgliedsagenturen formuliert.

MINDS (Mobile Information and News Data Services)

MINDS wurde vor rund fünfzehn Jahren mit Blick auf die starken Veränderungen durch die digitale Transformation der Medien- und Kommunikationsbranche gegründet. Ob national oder international, privat oder staatlich: Mitglieder von *MINDS* sind innovationsorientierte Agenturen, die sich im Austausch innerhalb der *MINDS*-Community in allen Fragen der Digitalisierung weiterentwickeln. Neben europäischen Mitgliedern profitiert der Verein durch die Expertise von weiteren, nichteuropäischen Mitgliedsagenturen wie *AAP* (Australien), *AP* (USA), *CP* (Kanada), *Kyodo* (Japan) und *Reuters*. Im Unterschied zur *EANA* verfolgt *MINDS* keine aktive Lobbyingtätigkeit und Interessenvertretung gegenüber politischen Institutionen. Ein wichtiges Instrument von *MINDS* zur Verortung der Zukunftsthemen der Mitgliedsagenturen ist die jährlich durchgeführte Umfrage *Future Topics of News Agencies*.

ANP KINA / picturedesk.com

Großsendeanlage Radio Kootwijk: Nachrichtenverbreitung durch die *Hellcommune*, nachmals *Gruppe 39*

Unabh
keit als
schäft
mode

6. Unabhängigkeit als Geschäftsmodell
Public Value in privatem Auftrag

Das übergeordnete strategische Ziel für freie Nachrichtenagenturen lautet unabhängiger Agenturjournalismus – faktenbasiert, zuverlässig, ausgewogen, frei von jeglicher Einflussnahme. Um diese redaktionelle Unabhängigkeit zu gewährleisten, benötigt es wirtschaftliche Stärke und eine Finanzierung des Agenturbetriebs aus eigener Kraft. Noch mehr: Für ein nachhaltig funktionierendes Ökosystem von privaten Agenturen ist das Erwirtschaften von Gewinnen mit Dividendenausschüttung an die Eigentümer als gleichsam größte Kunden der Agenturen *(Identitätsprinzip)* zur Gegenfinanzierung der Bezugskosten des Agenturdienstes eine wichtige Erfolgsformel. Gerade in kleinräumigen Medienmärkten ist jedoch der erreichbare Markt für Abnehmer des Agenturdienstes rasch erschlossen. Zudem bringt das Agentur-Geschäftsmodell die Finanzierung der Redaktionen in diesen kleinräumigen Medienmärkten noch rascher an ihre

»Democracy Dies in Darkness«

Grenzen als in großen oder internationalen Absatzgebieten: Die redaktionellen Basisdienste sind *First-Copy-Cost-Produkte,* die nie vom ersten Kunden weg profitabel sind, sondern erst ab einer bestimmten Anzahl von Abnehmern rentabel werden können. Bereits für den ersten Kunden muss jedoch die gesamte redaktionelle Produktion vollständig aufgesetzt sein. Dementsprechend kann der Absatz von Basisdiensten in größeren Märkten mit vielen publizistischen Einheiten, die den Dienst beziehen, besser skalieren als in kleinen nationalen Märkten. Dennoch, aufgrund der kooperativen Eigentümerstruktur von privaten Agenturen, deren Gründungszweck ja gerade in der Erbringung von Nachrichtenmeldungen der Agenturen für ihre Medienkunden liegt, ist ebendieser Zweck der Value selbst und nicht das Erwirtschaften von Dividenden direkt aus dem Kerngeschäft. Es gilt, die Balance zwischen dem Auftrag zur Nachrichtenaufbringung und dem Erwirtschaften von Gewinnen zu finden. Letztlich gibt es kaum private Agenturen, die direkt aus ihrem Kerngeschäft heraus Gewinne erwirtschaften, im Gegenteil, diese Kernbereiche sind in der Regel bestenfalls ergebnisneutral zu führen (weltweit). Diese Logik führt unausweichlich zu einer Strategie der Diversifizierung von privaten Nachrichtenagenturen. Umso mehr, als Wachstum in den Kernbereichen der Agenturen zunehmend herausfordernder wird und durch die aktuellen Entwicklungen (Inflation, Energiepreise) die Kosten für den Agenturbetrieb deutlich stärker steigen als der Umsatz. Der wirtschaftliche Schutz der redaktionellen Unabhängigkeit erfolgt einerseits über die Digitalisierung des redaktionellen Grundauftrags selbst zur Aufrechterhaltung der Kundenbasis der Redaktionen, andererseits durch die Erschließung von neuen Geschäftsfeldern.

Der Grundauftrag für die meisten unabhängigen Agenturen, deren Gründungen bis ins 19. Jahrhundert zurückgehen, ist mit der Erstellung von Text-Nachrichten (Basisdienste) definiert. Mittlerweile werden Agenturinhalte in allen Mediengattungen multimedial produziert: von Text, Bild, Grafik, interaktiven Grafiken, Video, Live-Video, Live-Blogs bis hin zu automatisiert erstellten Texten auf Basis strukturierter Daten wie Wahlergebnissen. Die Quellenauswahl und das Sourcing für die Agenturen selbst haben sich parallel dazu, insbesondere durch Web- und Social-Network-Inhalte, exponentiell erhöht. Der journalistische Selektionsaufwand im Agenturjournalismus ist deutlich gestiegen, und zusätzlich zur klassischen Gatekeeping-Funktion stellt vor allem die datengestützte Verifikation von Informationen eine wesentliche Aufgabe dar. Dementsprechend finden sich neue Berufsbilder in den Agentur-Newsrooms: Designer:in, Programmierer:in, Verification Officer, Data-Analysts und neu: *Prompt Engineers* für den Einsatz von *Generative AI*.

Die beschriebene laufende Erweiterung der Content-Formate dient als Grundlage für tragfähige redaktionelle Geschäftsmodelle der Agenturen in der digitalen Zukunft:

- ein Ready-made-Content der Agenturen zur Unterstützung der Medienredaktionen für eine direkte Übernahme von Agenturinhalten in der schnelllebigen digitalen Informationswelt;
- ein datenorientierter Content der Agenturen zur Erhöhung der User-Conversions im Kontext der Log-in- und Paywall-Strategien der Medienredaktionen;

- ein zielgruppenspezifischer Agentur-Content wie Klimaberichterstattung zur Adressierung von *Younger Audiences* durch die Medienredaktionen;
- ein alle Mediengattungen integrierender Agentur-Content zur Deckung aller kooperativen Eigentümer- beziehungsweise Kundenanforderungen von Print über Digital bis zu trimedialen Newsrooms (Fernsehen, Radio, Online);
- ein technologieverbundener Content der Agenturen zur automatisierten Verwendung in den Produktionssystemen und Distributionskanälen der Medienredaktionen.

Neben diesen laufenden Weiterentwicklungen im Agenturjournalismus selbst hat sich der Grundauftrag von Nachrichtenagenturen als Unternehmen deutlich erweitert. Dieser lautet in seiner ursprünglichen Form, Dienstleistungen für die Eigentümermedien zu erbringen, die für jedes einzelne Medium zu aufwendig oder zu teuer wären. Die moderne und innovative Interpretation dieses Grundauftrags umfasst eine Produkt- und Marktdiversifizierung der unabhängigen Nachrichtenagenturen. Neben der traditionellen Zielgruppe der Medien haben sich neue Geschäftsfelder und Zielgruppen etabliert. Neue Geschäftsmodelle beinhalten das multimediale Verbreiten von Originalinhalten von Organisationen (*OTS* als Original-Text-Services) sowie das Vermarkten von Medieninhalten (Datenbanken, Online-Kioske) und Medienbeobachtung (Realtime-Medienmonitoring, Medienresonanzanalysen und individuelle Pressespiegel). Manche Agenturen wie die *APA* haben sich zusätzlich als

Geschäftsmodellinnovation durch private Agenturen [1]

IT-Dienstleister in den Bereichen Video-Streaming, Mobile Publishing, Redaktionssysteme und als Rechenzentrumsbetreiber für Medien positioniert. Alle Aktivitäten zielen auf eine generische Markterweiterung zur Realisierung zusätzlicher Erlöse und Gewinne ab – als »Speckgürtel« zur Stärkung der wirtschaftlichen Grundlagen für die redaktionelle Unabhängigkeit.

---

[1] Nach: Business Model Innovation and Diversification: Jääskeläinen, Atte; Yanatma, Servet: The future of national news agencies in Europe – case study 4: Business model innovation in media-owned national news agencies. The London School of Economics and Political Science. London, 2019.

»Democracy Dies in Darkness«

Unabhängigkeit als Geschäftsmodell

Content-Formate:
- Text
- Bild, Grafik
- Video, Audio
- Live-Video, Live-Blogs
- Datenjournalismus
- Automated Content

Content-Business:
- Content, der sich an Medienkanäle anschließt
- Content, der Log-in und Paywall-Strategien befeuert
- Content, der ein jüngeres Publikum anzieht
- Content, der die Kundenvielfalt integriert
- Content, der digitale und technische Lösungen verbindet

Agentur-Plattform:
- Austria-Kiosk
- Austria Videoplattform
- Mobile Publishing
- Medien-Log-in

Agentur-Diversifizierung:
- Verbreiten von multimedialen Presseinformationen
- Medien-Datenbanken und Profiling
- Bild-Vermarktung Secondary Sales
- IT-Dienstleistungen

Moderne Interpretation des Grundauftrags von unabhängigen Nachrichtenagenturen

Im Gedankenexperiment der Neugründung einer Nachrichtenagentur im Medieneigentum in der digitalen Ära wären Technologie-Services wohl gleichwertig zum redaktionellen Multimedia-Angebot formuliert: Agenturinhalte als redaktionelles Backbone und ein kooperatives IT-Warenhaus für smarte Produktion (Redaktions- und Content-Management-Systeme, Artificial-Intelligence-Lösungen, Ready-made-Services), automatisierte Distribution (Apps und Mobile Publishing, Kiosklösungen, Video-Streaming) und erfolgreiche Monetarisierung (Log-in- und Paywall-Lösungen, E-Paper-Bundles). Agenturen agieren in der

Umsatz und Personalstand der unabhängigen Agenturen in Europa

Umsatz 2021 (Euro)

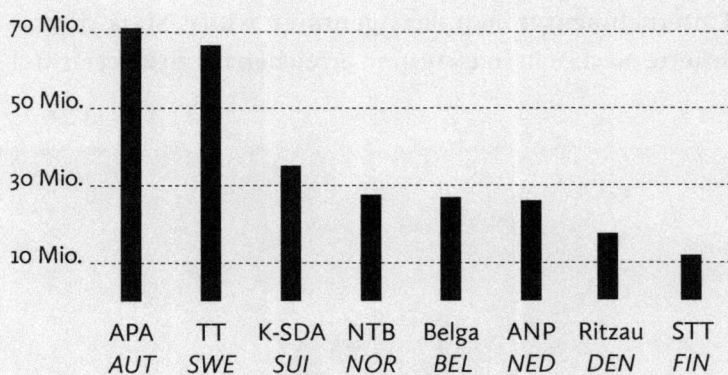

Mitarbeiter:innen 2021 (FTE)

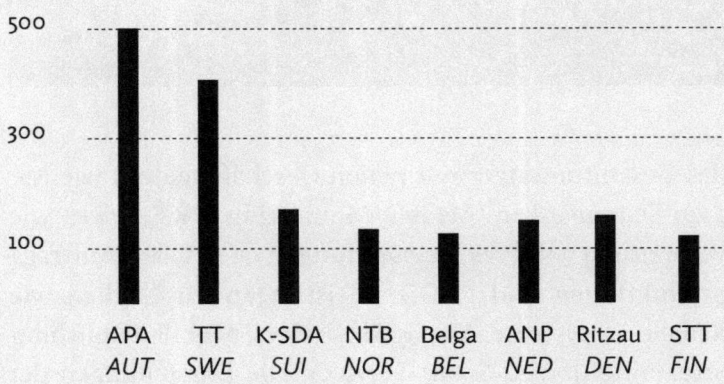

Quellen: APA, K-SDA, NTB, Ritzau: Geschäftsberichte; TT, Belga, ANP, STT: Group 39

»Democracy Dies in Darkness«

modernen Interpretation ihres Grundauftrags als Plattformen für den Medienmarkt und müssen ihre redaktionelle Unabhängigkeit als Geschäftsmodell betreiben.

Der Diversifizierungsgrad von Nachrichtenagenturen als Ergebnis einer laufenden modernen Interpretation des Grundauftrags spiegelt sich naturgemäß in den Unternehmensgrößen der Agenturen wider. Stark diversifizierte Nachrichtenagenturen erreichen bis zu zwei Drittel

APA

des Gesamtumsatzes mit neuen Geschäftsfeldern wie Medien-Datenbanken, Medien-Monitoring, PR-Services wie Verbreitung von Presseaussendungen oder Video-Auftragsproduktionen und IT-Dienstleistungen für Medien wie Redaktionssysteme, Managed Services, Mobile Publishing, Streaming und AI-Smart-Services. Die Darstellungen der vorigen Seite geben einen Überblick über die Umsatzgrößen und Personalstände der national tätigen unabhängigen

Nachrichtenagenturen in Europa (Geschäftsjahr 2021; ohne Italien/*ANSA*, da erst ab 2022 Mitglied in der Vereinigung der unabhängigen Agenturen; ohne Deutschland/*dpa* und ohne UK / *PA Media,* da international bzw. für mehrere Länder tätige Agenturen).

»Democracy Dies in Darkness«

Renais
des ge
schaft
Prinz

7. Renaissance des genossenschaftlichen Prinzips
Member statt Shareholder

Eine Zeit getaktet von Krisen und digitaler Beschleunigung legt den Gedanken des Zusammenrückens nahe. Sharing, Collaboration und Digital Cooperatives boomen nicht von ungefähr; eine Blaupause dafür gibt es mit der Rechtsform der Genossenschaft bereits seit rund 150 Jahren.

Ich betrachte gewinnorientierte Genossenschaften oder kooperative Unternehmen als demokratischen und realwirtschaftlichen Gegenentwurf zur derzeitigen globalen Plattformökonomie – weil die aktuellen Herausforderungen für nationale Unternehmen durch Krisen, Kriege und globale Konzentrationsprozesse ohne digitale Kooperation und Kollaboration auf allen Ebenen nicht mehr zu bewältigen sind. Die traditionellen Formen des Wirtschaftens scheinen mir in der umfassenden digitalen Transformation mit ihren großen Anforderungen an Technologie und Infrastruktur zusehends an ihre Grenzen zu stoßen. Das betrifft alle Stufen der

```
        Technologien
        und Plattformen
        ─────────────
       Echte Innovation =
        Interpretation
         des Grund-
User-    auftrages      Digital-
verhalten und          ökonomie und
Geschäftsmodelle       Global Player
```

Einflussfaktoren des Medienwandels

unternehmerischen Wertschöpfung. Pandemie und Krieg haben die Situation durch Teuerung, Rohstoff- und Arbeitskräftemangel zusätzlich verschärft. Besonders betroffen sind Unternehmen, die sich innerhalb der folgenden drei Einflussfaktoren befinden: rasante, disruptive Technologie-Entwicklung und Plattformen, neue Digitalökonomie und Global Player, sowie geändertes Mediennutzungsverhalten und neue Geschäftsmodelle. Die Kommunikations- und Medienindustrie ist direkt in diesem Spannungsdreieck positioniert.

Faktor 1: Rasante disruptive Technologie-Entwicklung und Plattformen

Technologien und IT-Services spielen sich zukünftig weitgehend in der Cloud ab. Die beispielsweise von den *GAFA*-Plattformen und einigen chinesischen Playern massiv betriebenen Investitionen in die neuen, nach außen hin promoteten AI-Technologien benötigen extrem starke Rechenzentrumsleistungen, weshalb Cloud-Computing als technische Infrastruktur dieser AI-Anwendungen zu den wohl stärksten Wachstumstreibern dieser Plattformen zählt. Für viele Unternehmen ist es schlicht nicht mehr möglich, die eigenen notwendigen IT-Systeme oder IT-Anwendungen durch eigene Programmierung an diese Entwicklungen anzupassen. Die genossenschaftliche Antwort darauf lautet: Kollaboration; also die gemeinsame Entwicklung von neuen oder der gemeinsame Betrieb von externen IT-Services, die für jedes einzelne Unternehmen zu teuer oder zu komplex wären und durch Kollaboration wesentlich effizienter und kostengünstiger zu betreiben sind. Im Medienbereich hat die österreichische *APA* beispielsweise eine White-Label-App für digitales Publizieren geschaffen, die bereits mehr als hundert Zeitungen im deutschsprachigen Raum für ihre E-Paper-Ausgaben nutzen. In diesen Bereich fällt auch die Idee eines gemeinsamen Media-Space, wo Nachrichtenagenturen und Medienhäuser gemeinsam künstliche Intelligenz trainieren und für ihre jeweiligen Anforderungen einsetzen können.

Faktor 2: Neue Digitalökonomie und Global Player

Die neue Digitalökonomie besteht aus wenigen Global Playern und folgt dem Prinzip *The winner takes it all.* Sie zielt insbesondere auf die Logik des digitalen Wirtschaftens ab. Diese Logik führt schon lange vor Augen, dass gerade die globalen Internet-Plattformen, die selbst oft nichts Originäres produzieren, massiv Daten und Werbegelder aus Österreich und Europa abschöpfen. Die genossenschaftliche

Antwort lautet hier: Sharing. Teilungsmodelle, bei denen die Wertschöpfung bei den Teilnehmern oder Mitgliedern der kooperativen Unternehmen bleibt. Am Beispiel der *APA:* Verschiedene Medienhäuser vermarkten ihre Inhalte in einem gemeinsamen professionellen Informationsmarkt, dem *Austria-Kiosk,* als Österreichs größtem digitalen Zeitungsstand, der von der Nachrichtenagentur betrieben wird. Die erzielten Netto-Erlöse aus diesem zusätzlichen, wachsenden Vertriebskanal fließen ausschließlich an die Medien zurück und werden nicht vom Betreiber abgesaugt. Zudem bleibt die Hoheit über die Nutzerdaten rechtssicher bei den jeweiligen Verlagen.

Faktor 3: Geändertes Mediennutzungsverhalten und neue Geschäftsmodelle

Der Wandel im Mediennutzungsverhalten zielt insbesondere auf die Demokratisierung der User:innen ab. Das betrifft den direkten Dialog der Medien mit ihren Nutzer:innen – und umgekehrt. Es adressiert die größer werdende Sehnsucht des *Digital Citizen* nach Mitbestimmung. Egal, ob durch Kommentierung des Nachrichtengeschehens, das zunehmende Modell der Content-Creator, bei der Frage des Umgangs mit unseren Daten oder generell, wie wirtschaftliche Strukturen gestaltet werden sollen. Mitbestimmung gilt als Selbstbestimmung und die genossenschaftliche Antwort lautet hier: Genossenschaften als digitale Plattformen und Ökosysteme. Diese gewährleisten, dass die eigene Wertschöpfung dort bleibt, wo sie erzielt wird, und nicht abgesaugt wird, und die Mitglieder und Eigentümer demokratisch über die Zukunft dieses Ökosystems entscheiden (*one member one vote*). Im Falle von privaten Nachrichtenagenturen sind das die Medien als Eigentümer und größte Kunden.

Kooperationen zwischen Medienunternehmen, die sich am Markt oft als konkurrierende lokale oder nationale Medienmarken begegnen, können durch das genossenschaftliche oder kooperative Geschäfts- und Wertemodell von Nachrichtenagenturen die beschriebenen Grenzen in der Digitalisierung besser und nachhaltiger überwinden. Deshalb erschließt sich für die Eigentümer von mediengeführten Nachrichtenagenturen der Unternehmenswert mehr als Member- denn als Shareholder-Value. Neben den redaktionellen Kerndienstleistungen für die Medien bilden Gewinne beziehungsweise eine Dividende als Garantie der wirtschaftlichen Unabhängigkeit sowie Rückflüsse aus der Vermarktung von Medieninhalten und umfassende Innovations-, Digital- und Technologie-Services die zentralen Member Values. Für die meisten unabhängigen Nachrichtenagenturen ist ihr kooperatives oder genossenschaftliches Betriebsmodell charakteristisch. Ungeachtet der jeweiligen Rechtsform stellen die unabhängigen Agenturen für ihre Eigentümer und den gesamten medialen publizistischen Markt Win-win-Konstellationen her. Sie agieren als neutrale Instanz zur Organisation von medienübergreifenden Produkten und Services. Die Vorteile dieses Betriebsmodells liegen in der unbürokratischen Finanzierung durch die Agenturen, in der hohen Umsetzungsgeschwindigkeit durch die bestehenden und eingespielten Organisationsstrukturen sowie in wettbewerbsrechtlich konformen Rahmenbedingungen. Der gesamte Unternehmenszweck von unabhängigen

Agenturen ist auf dieses kooperative Betriebsmodell ausgelegt. Die Rechtsform der unabhängigen Agenturen spielt dabei eine sekundäre Rolle. Im deutschsprachigen Raum ist die *Deutsche Presse-Agentur (dpa)* als Gesellschaft mit beschränkter Haftung (GmbH) und die Schweizer Nachrichtenagentur *Keystone-SDA* als Aktiengesellschaft (AG) organisiert. Den genossenschaftlichen Charakter des Plattform-Betriebsmodells hat die österreichische *Austria Presse Agentur* auch in ihrer gesellschaftsrechtlichen Struktur als gewinnorientierte Genossenschaft (eG) verankert. Im Statut der *APA* ist dieser genossenschaftliche Auftrag zur Förderung der Mitglieder (= Eigentümer) explizit formuliert:

§2 Aufgabenstellung
1. Die Genossenschaft hat die Aufgabe, mittels eines von ihr erstellten Nachrichtenbasisdienstes die laufende, umfassende sowie zeit- und inhaltsgleiche Informationsversorgung ihrer Mitglieder sicherzustellen und damit zu deren wirtschaftlicher Förderung gemäß *§1 GenG* beizutragen.
2. Die Genossenschaft ist verpflichtet, ihre Aufgaben in Unabhängigkeit von Einwirkungen politischer oder wirtschaftlicher Institutionen und Gruppen sowie nach den Grundsätzen von Zuverlässigkeit, Schnelligkeit und Ausgewogenheit sowie unter Vermeidung jeglicher Einseitigkeit und Parteinahme zu erfüllen.
3. Zur Sicherung ihrer Unabhängigkeit hat die Genossenschaft ihre Geschäfte nach dem Prinzip der Nachhaltigkeit wirtschaftlich erfolgreich zu führen.

4. Zu diesem Zweck ist die Genossenschaft im Rahmen ihres Unternehmensgegenstandes auch für Nichtmitglieder tätig.

Unabhängige Agenturen agieren seit ihren Gründungen im vergangenen oder gar vorletzten Jahrhundert wie Sharing-Economy-Companies und in der Digitalisierung in ihrer Plattform-Funktion für die Medien- und Kommunikationsindustrie als Digital Cooperatives. Der wesentliche Unterschied zu den globalen Tech-Plattformen liegt neben der schieren Größe der globalen Digital-Giganten in der Wertschöpfung der erarbeiten Leistungen. Diese verbleibt entlang des kooperativen Gedankens bei den Mitgliedern, Eigentümern und Kunden der unabhängigen Agenturen und wird nicht radikal vom Plattformbetreiber kommerziell oder durch das massive Generieren von Userdaten abgeschöpft.

Die laufende Weiterentwicklung des kooperativen Grundauftrags von Nachrichtenagenturen umfasst alle Unternehmensbereiche. In der Gründung von Nachrichtenagenturen fokussierte der Agenturbetrieb einen eng definierten und spezifischen Unternehmenszweck, und dementsprechend war die Organisation charakterisiert: amorph im Produktionsbetrieb (eine einzelne redaktionelle Organisationseinheit mit Supportprozessen in der Wertschöpfungskette), monoton in der linearen Erfüllung des Grundauftrags (keine diversifizierten Geschäftsbereiche), produktionsorientiert in der Produktgestaltung (die Produktionsroutinen bestimmen das Produkt) und singulär in der Leistungserfüllung für die Kernzielgruppe der Medien. Ab den 1980er-Jahren setzte mit der Etablierung von neuen redaktionellen Formaten wie Bilderdiensten und der ersten Technologisierung von

Renaissance des genossenschaftlichen Prinzips

Unternehmensentwicklung von kooperativen Agenturen

Produktionsentwicklung

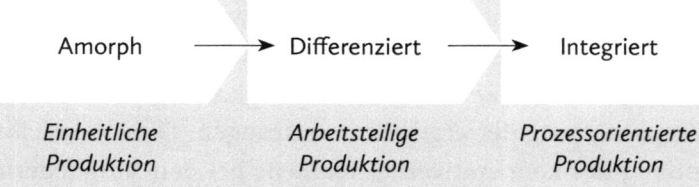

Organisationsentwicklung

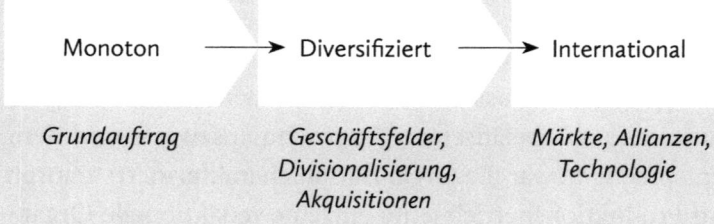

Produktentwicklung

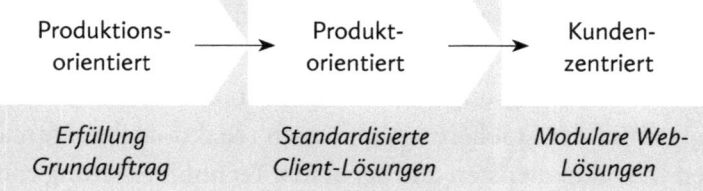

Kunden-Marktentwicklung

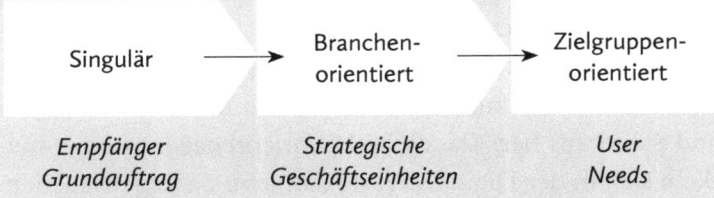

| Singulär | → | Branchen-orientiert | → | Zielgruppen-orientiert |

Empfänger Grundauftrag — *Strategische Geschäftseinheiten* — *User Needs*

Innovationen = laufende Interpretation des Grundauftrages

| Erfüllung des Grundauftrages | → | Interpretation des Grundauftrages |

Für das einzelne Mitglied zu aufwendig: Nachrichten-Basisdienst (Content)

NewsTech-Agentur = Content + Technology + Network

»Democracy Dies in Darkness«

Produktionsmitteln eine Modernisierung von Nachrichtenagenturen ein: bereichsübergreifende Produktionen, eine Differenzierung nach Geschäftsbereichen mit der Schaffung von spezialisierten Tochterunternehmen, produktorientierte Standard-Lösungen für unterschiedliche Kundensegmente von Nachrichtenagenturen. Mittlerweile agieren gewinnorientierte Agenturen in ihrer Produktion prozessorientiert, suchen Absatzmöglichkeiten und Kooperationsmöglichkeiten auf internationalen Märkten, sind mit modularen, webbasierten SaaS-Lösungen *(Software-as-a-Service)* kundenorientiert und stellen kundenübergreifende Branchenlösungen und Standards her. Klassische Nachrichtenagenturen entwickeln sich in der Digitalisierung damit zu datengetriebenen *News-Tech-Agenturen.*

Diese Weiterentwicklung erfordert entlang der beschriebenen Phasen in der Unternehmensentwicklung von Nachrichtenagenturen eine besondere Innovations- und Change-Kultur auf dem Weg zum *Newsroom der Zukunft.* Zentrale unternehmerische Kulturleistungen und Modelle im Innovationsmanagement der digitalen Medienökonomie beinhalten dabei:

Trial and Error: Die vielzitierte Kultur des Scheiterns begreift Misserfolge als notwendigen Teil des Weges zu funktionierenden Produkten und Geschäftsmodellen und bedeutet im Alltag von Agenturen vor allem die Bereitschaft, fehlgeschlagene Innovationen oder nicht (mehr) funktionierende Services rasch einzustellen. Vor dem Hintergrund der Stagnation von wenigen, aber deckungsbeitragsstarken Produkten der *Legacy Media* und der notwendigen Etablierung vieler, aber deckungsbeitragsschwächerer Produkte der *Digital Media* ist das Einstellen von Error-Entwicklungen genauso spielentscheidend wie das Erkennen von funktionierenden Lösungen. Das Prinzip Trial and Error muss selbst zum Best-Practice-Modell im Innovationsmanagement werden. Die *Austria Presse Agentur* hat mit dem *APA-medialab* einen solchen Rahmen geschaffen, wo durch rasches Prototyping die Lernkurve bei Produktentwicklungen deutlich erhöht beziehungsweise eine lange Durchlaufzeit durch agiles Projektmanagement deutlich verkürzt wird.

Exploitation and Exploration: Die Digitalisierung lässt keinen Raum für Doppelgleisigkeiten, weil dies – am Beispiel der Implementierung von AI-Werkzeugen in bestehende und neue Digitalprodukte – schlichtweg zu teuer wäre. Gerade bei der für diversifizierte Agenturen typischen Form der Matrixorganisation, wo die einzelnen vertikalen Geschäftsfelder durch die horizontalen Supportprozesse wie IT bedient werden, stellt das Aufsetzen einer homogenen technischen Digital-Infrastruktur quer über alle Konzernteile eine neuralgische Operation dar. Die Eliminierung von Doppelgleisigkeiten in der Organisation – beispielsweise mehrfache Datensilos, kein einheitliches *Single Sign-on,* unterschiedliche Basistechnologien – und die Digitalisierung der Workflows hin zur Prozess-Exzellenz schaffen in der Produktion der bestehenden Produkte von Nachrichtenagenturen (*Exploitation*) die notwendige Finanzierungskraft für die Entwicklung der neuen Lösungen (*Exploration*). Dabei gruppieren sich die Innovationen wie schnelle Beiboote um die bestehenden, etablierten Produkte. Bei der *APA* beispielsweise entwickelte sich der *Austria-Kiosk* als verlagsübergreifender, größter digitaler Kiosk Österreichs als ein für Agenturen untypisches B2C-Produkt an der Seite der großen B2B-Inhalte-Plattform der *APA* für den professionellen Medienmarkt (*APA-OnlineManager*).

»Democracy Dies in Darkness«

In dieser Strategie findet eine laufende Entwicklung der klassischen Produkte statt (beispielsweise Weiterentwicklung des *APA-OnlineManagers* zum *APA-NewsDesk*). Neue Produkte (wie der *Austria-Kiosk*) werden neben das Bestehende positioniert, ohne dieses zu zerstören. Nachrichtenagenturen benötigen eine multikulturelle Innovationsstrategie, die zwischen klassischer Produktentwicklung (*Exploitation*) und innovativer Neuentwicklung (*Exploration*) unterscheiden lernt.

Prototyping and Business Planning: Die oft fehlende Visibilität von Early-Stage-Innovationen sowie unklare Business Usecases und User Needs mindern die Innovationskraft von neuen Agenturservices. Zudem drosselt die Logik des klassischen Businessplans in einigen Fällen zu früh das Innovationspotenzial in der Digitalisierung. Im Unterschied zum Legacy-Produktionsmodell, wo Medien und Agenturen in den nationalen Grenzen die Produkt-Markt-Konstellation und damit einhergehend auch das kommunikative Agenda-Setting-Monopol *top down* definieren konnten (*ordered interpretation*), bietet das digitale Produktionsmodell eine große Variantenvielfalt. Die digitale Innovationskultur fordert einen dem entsprechenden kreativen Entwicklungsraum ein. Über Erfolg und Scheitern (Trial and Error) entscheidet die prototypische Anwendung im jeweiligen Business Case. Einige zukunftsträchtige Prototypen oder gar kommerziell erfolgreiche Innovationen hätten in dem für die *Legacy Media* klassischen Business Planning mit Dreijahres-Umsatzprognose und Break-Even-Berechnung wohl nicht das Licht der Welt erblickt. Die unternehmerische Alternative liegt in der Entwicklung von *HiFi-Prototypen* mit den jeweiligen Business Cases und User Needs (Kunden-Rückkanal), einem schnellen Trial-and-Error-Prozess samt Überführung eines erfolgreichen Prototyps in das Projektmanagement oder das Verwerfen eines dysfunktionalen Prototyps. Erst an dieser Stelle des Innovationsprozesses verlässt der Prototyp den kreativen, controllingfreien Entwicklungsraum und wechselt samt Business Planning durch die Drehtür in den Businessraum der Linienorganisation. Auch im Business Planning selbst unterscheidet sich die Legacy- von der Digital-Innovationskultur. Letztere überwindet bestehende Marktbarrieren und Produkt-Silos und nutzt die positiven Skaleneffekte der Digitalisierung; im Falle der *Austria Presse Agentur* beispielsweise durch Innovationen im Mobile Publishing (international lizenzierte White-Label-Apps mit Monetarisierungswidgets für Medien).

Innovationsmanagement in der genossenschaftlichen Sharing Economy: Die zentralen Herausforderungen in der Unternehmenspraxis liegen vor allem in der Verankerung einer expliziten Innovationskultur und im Transfer von konkreten Innovationen in die Linienorganisation. Oft werden Innovationen und deren Auswirkungen, die im Rahmen von ausgelagerten Innovationseinheiten wie Acceleratoren im Start-up-Umfeld generiert werden, bei der Implementierung im Unternehmen als Fremdkörper wahrgenommen, von der bestehenden Organisation nur schleppend integriert oder gar abgestoßen.»Innovationspsychologisch« scheinen *Innovationen von draußen* oft mehr als Bedrohung für das Eigene und Bestehende empfunden zu werden und weniger als das Neue, das sich neben das Bestehende stellt und die zukünftigen Erträge sichert.

Zur Überwindung dieser Effekte hat die *Austria Presse Agentur* mit der Etablierung des *APA-medialab* die Innovationskräfte im Haus gebündelt und nicht disloziert, sondern räumlich mitten ins Herz des Unternehmens integriert, nämlich in den Newsroom. Zudem wurde aus den meisten Bereichen des Unternehmens ein interdisziplinäres Team aus Programmierer:innen, Entwickler:innen, Designer:innen, Redakteur:innen, Researcher:innen und Business Analysts in Stellung gebracht, das das Kernteam des *APA-medialab* bildet und pro Innovationsprojekt von einem Vertreter aus der bestehenden Organisationseinheit, die in weiterer Folge die Innovation implementiert, ergänzt. Damit soll von Beginn der Innovationsidee an über die Schaffung des Prototyps bis zur Überführung in den Regelbetrieb der reibungslose Transfer in die regulären Produktionsprozesse sichergestellt werden. Im Parallelschwung zur organisatorischen und räumlichen Integration der Innovationseinheit in das Unternehmen tragen neue Methoden und Techniken im Innovationsmanagement dem notwendigen Trial and Error und der wichtigen Visibilität von Innovationen Rechnung. Im *APA-medialab* kommen Rapid Prototyping sowie Design-Sprint-Modelle zum Einsatz. Click Dummies oder Prototypen mit den jeweiligen Business Cases lösen traditionelle Präsentationsformen von Innovationsideen und -anwendungen ab, Innovations-Sprints und definierte Innovationszeiten garantieren zeitlich wie inhaltlich konzentriertes und rasch verfügbares Prototyping. Entwickelte Prototypen werden den User:innen (Redaktionen, Kommunikationsentscheider:innen) in der technischen Innovationsplattform des *APA-medialab* zum unmittelbaren Testen und via API zum Einbinden in bestehende Redaktionssysteme oder Web-CMS-Systeme freigeschalten. Dieser Rückkanal (*User-Need-Modell*) liefert im Trial-and-Error-Prozess wesentliche Erkenntnisse über die Fortführung, Adaption oder Einstellung des jeweiligen Prototyps. Zudem wer-

Innovationsmanagement in der genossenschaftlichen *Sharing Economy*

den über diesen Rückkanal Entscheidungen über Features und Funktionen des Prototyps dort getroffen, wo auch in der Folge die Monetarisierung stattfinden soll: im kreativen Entwicklungsraum bei den User:innen und Kund:innen und nicht wie im Legacy-Modell im Management im Rahmen von weitmaschigen Ausschusssitzungen (*Demokratisierung von Innovation*). In Abgrenzung dazu finden Entscheidungen über Pricing und Geschäftsmodelle im Businessraum nach Überführung der Prototypen in die Linienorganisation statt. Als erfolgskritische Konstante für alle Maßnahmen im operativen Innovationsmanagement gilt ein stabiler und wettbewerbsfähiger IT-Betrieb als digitale Basisinfrastruktur.

»Democracy Dies in Darkness«

Playbo
Digita
opera

8. Playbook Digital Cooperation
Neue Spielzüge in der Digitalökonomie

Die im Folgenden präsentierten Innovationen stellen eine moderne Interpretation des kooperativen Grundauftrages von Nachrichtenagenturen in Form der *Playbook Digital Cooperation* dar.

Die nationalen und internationalen Beispiele fokussieren als handlungsorientiertes Playbook digitaler Kooperation auf die Rolle von Agenturen als medienübergreifende Plattformen (*Austria-Kiosk, Austria Videoplattform, Austria MediaKey*) sowie auf länderübergreifende Agentur-Kooperationen (*European Newsroom, GADMO*).

Die Weiterentwicklung des Grundauftrages fokussiert jene Dienstleistungen, die in der Digitalisierung der Medien- und Kommunikationswelt für jedes einzelne Medienunternehmen in der Herstellung zu aufwendig wären. Für die *APA*-Gruppe zeichnet sich für das Innovationsmanagement in der Digitalisierung der Medien in der

»Democracy Dies in Darkness«

genossenschaftsrechtlichen Organisationsform eine klare Sharing-Economy-Strategie ab. Nationale Schulterschlüsse und gemeinsame Anstrengungen in der Schaffung und Finanzierung von neuen technologischen Lösungen für die Medienproduktion sind in der Digitalökonomie unerlässlich geworden. Im Unterschied zu den Wirtschaftsmodellen der Global Player bleibt in der genossenschaftlichen Sharing Economy die Wertschöpfung bei den Teilnehmern, sei es in Form von Kick-backs aus der Vermarktung von Medien-Content (*APA-OnlineManager, Austria-Kiosk*), in Form von Dividenden oder durch geringe Investitionskosten im Zuge von White-Label-Lösungen (APA-Medien-Apps, *APA-MediaKey*). In manchen Fällen findet die genossenschaftliche Innovation direkt im Geschäftsmodell statt (*Austria Videoplattform*).

Austria-Kiosk

Der *Austria-Kiosk* ist ein österreichischer Online-Zeitungskiosk, der auf Initiative der *Austria Presse Agentur* für den österreichischen Medienmarkt entwickelt wurde und vom *APA*-Tochterunternehmen *APA-DeFacto* betrieben wird. Er enthält aktuell mehr als 450 nationale und internationale Tageszeitungen, Magazine und Fachmedien – darunter alle österreichischen Tageszeitungen inklusive regionaler Mutationen, die relevanten nationalen Magazine sowie bekannte internationale Titel, unter anderem *Washington Post, The Observer, The Guardian, Die Welt, China Daily*. Die Anzahl der Publikationen wächst laufend. Der Zugriff auf den Digital-Kiosk ist tagesaktuell und ohne zeitliche Verzögerung möglich. Die Ausgaben sind teilweise schon am Vorabend des Erscheinungstermins verfügbar. Das Archiv umfasst bei Tageszeitungen circa 30 Tage und bei Magazinen mindestens 90 Tage. Die Publikationen stellen die exakten digitalen Replika der Print-Ausgaben dar. Der *Austria-Kiosk* ist plattformunabhängig und kann von jedem digitalen Endgerät mit Internetzugang genutzt werden. Ein eigener Artikel-Lesemodus ermöglicht komfortables Lesen auf Smartphones und Tablets. Der *Austria-Kiosk* ermöglicht einen rechtssicheren Bezug von Medieninhalten und unterstützt das Paid-Content-Modell durch Erlösteilungen mit den Verlagen. Der von der österreichischen Nachrichtenagentur betriebene *Austria-Kiosk* unterstützt das digitale Publizieren von Medienhäusern in drei unterschiedlichen Modellen: als Consumer-Kiosk *(B2C)* mit dem Erwerb von Einzelausgaben und Digital-Abos von Printmedien, als Business-Kiosk *(B2B)* für Unternehmen und Organisatoren und deren Mitarbeitern mit Zugriff am Unternehmensstandort oder im Homeoffice sowie als *Free-Lounge-Kiosk (B2B2C)* für Cafés, Hotels, Bibliotheken, Flughäfen etc. Die aus dem *Austria-Kiosk* abgerufenen Einzelausgaben oder Digital-Abos sind über eine Schnittstelle an die offizielle Zählstatistik für Printmedien (Österreichische Auflagenkontrolle) angebunden.

Austria Videoplattform

Die *Austria Videoplattform* (AVP) ist eine neutrale Austauschplattform für Video-Content von Medienunternehmen in Österreich, die von der *Austria Presse Agentur* betrieben wird. Sie steht Organisationen mit klassisch-redaktionellem Kerngeschäft offen und ermöglicht zusätzliche Werbeerlöse. Die *Austria Videoplattform* bietet hochqualitativen und stets aktuellen Nachrichten-Content im

Videoformat. Die Inhalte werden vom öffentlich-rechtlichen Rundfunk *ORF* und 14 weiteren österreichischen TV-Produzenten bereitgestellt und werden direkt im redaktionellen Nachrichtenumfeld der teilnehmenden Online-Portale (Publisher) ausgespielt. Mit über 100 Video-Beiträgen täglich bietet die *AVP* die Möglichkeit für eine Run-over-the-Network-Vermarktung in Form von Pre-Rolls. Die *Austria Videoplattform* ist ein Blueprint für die Kooperation zwischen dem öffentlich-rechtlichen Broadcaster und den privaten Verlegern mit dem Ziel, laufenden Video-Content zu den Text-Nachrichten auf den Onlineportalen zu platzieren und Erlöse aus der Video-Vermarktung zu erzielen.

Die *APA* als Betreiberin der Plattform stellt die gesamte technische Infrastruktur zur Verfügung und entwickelt die Plattform samt Akquisition für neue Content- und Inventarprovider und Vermarktungspartner laufend weiter. Die Einbindung der Videos auf den Onlineportalen erfolgt durch einfaches Drag-and-drop aus der Videoplattform. Darüber hinaus unterstützen AI-Tools die vollautomatisierte Einbindung von Bewegtbild zu den passenden Text-Nachrichten. Diese Funktion (*Video-Booster*) basiert auf einem automatischen Suchalgorithmus, der den publizierten Artikel auf der Webseite in Echtzeit analysiert, in der *Austria Videoplattform* ein möglichst passendes Video sucht und dieses auf der Webseite darstellt und einbettet. Der Suchalgorithmus vergleicht dabei Schlüsselwörter eines Artikels mit dem gesprochenen Text des Videoinhalts der *Austria Videoplattform*. Der Matching-Faktor setzt sich aus der Häufigkeit der sowohl im Text als auch im Video vorkommenden Schlüsselwörter zusammen. Die *Austria Videoplattform* verfügt über rund 45 teilnehmende Medien, die mit Blick auf die Werbevermarktung des Video-Contents rund 80 Prozent Reichweite am österreichischen Medienmarkt entsprechen.

Austria MediaKey

Austria MediaKey ist ein medienübergreifendes Log-in-System für den österreichischen Medienmarkt, das von der *Austria Presse Agentur* betrieben wird und den teilnehmenden Partnern eine gemeinsame, sichere und vertrauenswürdige *Single-Sign-on*-Lösung bietet. Medien erweitern durch den Einsatz von *MediaKey* ihre Leser- und Nutzerschaft, indem sie Synergieeffekte von anderen Medien und deren User:innen, die ebenfalls dasselbe Log-in verwenden, nutzen. Zusätzlich lernen Medien ihre User:innen ohne jeglichen Einsatz von Cookies besser kennen und erhalten Informationen zu ihren Interessen, zum Zeitpunkt des Besuchs der Plattform und zur konkreten Ausgestaltung des Endgeräts, von dem aus Seiten am häufigsten genutzt werden. Durch einen niederschwelligen Zugang (Passwort und E-Mail-Adresse) erhalten die Nutzer:innen rasch und einfach Zugang zu allen teilnehmenden Medien und profitieren von einer leicht bedienbaren Selbstverwaltung der eigenen Daten. Ein Merken verschiedener Passwörter für verschiedene Medien-Log-ins ist somit nicht mehr notwendig. Durch die eindeutige Identifizierung können Inhalte ohne zusätzliche Eingabemasken personalisiert, Artikelarchive angelegt oder Kommentare in Foren abgegeben werden. *MediaKey* ist ein DSGVO-konformer Log-in-Provider, der als Auftragsdatenverarbeiter agiert. Teilnehmende Medien profitieren von zusätzlichen User:innen durch eine Senkung der

Log-in-Barriere. Die Implementierung in die medieneigene Infrastruktur ist durch Standard-Technik wie *Red Hat SSO* oder *OpenID Connect* leicht möglich. Die Erstregistrierung erfolgt immer über einen der teilnehmenden Medienpartner. Die Authentifizierung der User:innen findet beim Log-in in *MediaKey* statt, danach werden diese an die Medien-Plattform übergeben. Eine weitere Möglichkeit im Einsatz von *MediaKey* liegt in der technischen Umsetzung von Altersverifikationen. Die Kernzielgruppe von *MediaKey* sind Medien und Verlagshäuser für die Implementierung von Log-in- und Paywall-Lösungen. Ein zukünftiges und branchenübergreifendes Einsatzgebiet liegt bei Unternehmen und Organisationen, die definierte Bereiche ihrer Website nur einem eingeschränkten Nutzerkreis zugänglich machen wollen.

European Newsroom

Der *European Newsroom* (enr) ist ein Kooperationsprojekt von Nachrichtenagenturen aus ganz Europa. Die teilnehmenden Agenturen haben die Möglichkeit der Aus- und Weiterbildung und der gemeinsamen Weiterentwicklung journalistischer Standards. Instrumente wie Faktenchecks und Verifikation tragen dazu bei, Phänomenen wie Desinformation in sozialen Netzwerken entgegenzuwirken. Über den *European Newsroom*, der als gemeinsamer physischer Newsroom in Brüssel betrieben wird, soll Agenturen in Europa ein chancengleicher Zugang zu Information und ein professioneller Austausch untereinander ermöglicht werden.

Ziel des *enr* ist die professionelle EU- und Europaberichterstattung, basierend auf einer faktenbasierten Agentur-Berichterstattung der verschiedenen Agenturdienste.

Insbesondere kleinere Nachrichtenagenturen, die sich keine eigenen Korrespondenten in Brüssel leisten können, erhalten leichteren Zugang zu EU- und europäischer Berichterstattung. Durch das Nebeneinander unterschiedlicher Perspektiven auf Europa soll der *European Newsroom* auch dazu beitragen, die journalistische Qualität der Berichterstattung zu verbessern. Teilnehmende Agenturen sind *AFP* (Frankreich), *AGERPRESS* (Rumänien), *ANSA* (Italien), *APA* (Österreich), *ATA* (Albanien), *Belga* (Belgien), *BTA* (Bulgarien), *dpa* (Deutschland), *EFE* (Spanien), *Europa Press* (Spanien), *FENA* (Bosnien-Herzegowina), *HINA* (Kroatien), *MIA* (Nordmazedonien), *STA* (Slowenien), *TANJUG* (Serbien) und *TASR* (Slowakei). *Associated Partner* sind die *ANP* (Niederlande) und *PAP* (Polen). *Observer Partner* sind *LUSA* (Portugal) und *Ritzau* (Dänemark). *Solidarity Partner* ist *UKRINFORM* (Ukraine). Wesentliche Services des *European Newsroom* und seiner teilnehmenden Agenturen sind Zusammenfassungen der jeweiligen länderspezifischen Agentur-Berichterstattungen über Europa-Themen *(Digest)* mit dem Ziel eines paneuropäischen Bildes, die Präsentation von ausgewählten europäischen Schwerpunktthemen *(Key Story)* sowie Faktenchecks der Agenturen zu bestimmten Themen aus den sozialen Netzwerken.

Fact-Checking-Allianz GADMO

Das *German-Austrian Digital Media Observatory (GADMO)* ist ein Zusammenschluss von Faktencheck-Organisationen und Forschungsteams im deutschsprachigen Raum mit folgenden Mitgliedern: *Deutsche Presse-Agentur (dpa), Agence France-Presse (AFP), Austria Presse Agentur (APA), Unabhängiges Recherche-Netzwerk CORRECTIV.*

Alle Faktencheck-Partner sind vom *International Fact-Checking Network (IFCN)* zertifiziert. Kooperationspartner aus der Wissenschaft sind die *Technische Universität Dortmund*, das *Austrian Institute Of Technology (AIT)* und das *Athens Technology Center (ATC)*. Die Ziele dieser Fact-Checking-Allianz sind es, Faktenchecks zukünftig auf einer zentralen Plattform zu bündeln und so der Öffentlichkeit besser zugänglich zu machen, Desinformationskampagnen zu identifizieren und wissenschaftlich zu untersuchen, die Medienkompetenz in Österreich und Deutschland zu fördern und zu überprüfen, ob digitale Plattformen und soziale Netzwerke genug im Kampf gegen Desinformation tun. Die Faktenchecks der einzelnen teilnehmenden Agenturen werden auf einer zentralen Webplattform laufend veröffentlicht. Das deutsch-österreichische *GADMO* ist Teil des europaweiten Netzwerks des *European Digital Media Observatory (EDMO)*. Diese EU-geförderte, unabhängige Koordinationsstelle wurde 2020 ins Leben gerufen und soll die Kräfte von Faktencheck-Organisationen, Forschung und weiteren Experten im Kampf gegen Desinformation bündeln. Das Netzwerk besteht inzwischen aus 14 regionalen Zentren, die alle Länder der EU abdecken.

Richard Gray / PA / picturedesk.com

»Democracy Dies in Darkness«

Playbook Digital Cooperation

	Kurzbeschreibung	Zielsetzung
Austria-Kiosk	Digitaler Zeitungsstand für nationale und internationale Tageszeitungen und Magazine	Digitales Publizieren, rechtssichere Monetarisierung von Medieninhalten (E-Paper), Aufbau von Digital-Abos
Austria Videoplattform	Austausch-Plattform für Bewegtbild-Inhalte von Medien	Bereitstellung von passendem Video-Content zu Text-Nachrichten mit Werbevermarktung
Austria MediaKey	Medienübergreifendes Log-in-System (Single Sign-on)	Umsetzung von Log-in- und Paywall-Lösungen mit Altersverifikation, Synergieeffekte durch medienübergreifende Nutzerbasis
European Newsroom	Gemeinsamer Newsroom von 16 Nachrichtenagenturen in Brüssel	Infrastruktur-Sharing, Aus- und Weiterbildung, Faktenchecks
Fact-Checking-Allianz GADMO	Zusammenschluss der führenden Fact-Checking-Organisationen im deutschsprachigen Raum	Bündelung der Faktenchecks auf einer zentralen Webplattform, Identifikation von Desinformationskampagnen, Erhöhung der Medienkompetenz

Kooperationsmodell	Betriebs- oder Geschäftsmodell
Nachrichtenagentur als Betreiberin der Plattform, Teilnehmer sind rund 450 Tageszeitungen und Magazine	Erlösteilungen an die Verlage, Anbindung an offizielle Zählstatistik für Printmedien
Nachrichtenagentur als Betreiberin der Plattform, Teilnehmer sind 45 Medien, Kooperation öffentlich-rechtlicher Broadcaster mit privaten Publishern	Automatisierte Einbindung von passenden Nachrichten-Videos, Pre-Roll-Video-Vermarktung über das gesamte Netzwerk
Nachrichtenagentur als Betreiberin des Login-Systems, Teilnehmer sind der öffentlich-rechtliche Rundfunk und private Publisher	DSGVO-konformer Log-in-Provider, niederschwellige Registrierung, branchenübergreifende Erweiterung
Teilnehmende Nachrichtenagenturen erhöhen Qualitätsstandards durch laufenden Austausch	Förderung der Infrastruktur durch die EU-Kommission, Aufrechterhaltung der EU-Berichterstattung aus Brüssel von kleineren Agenturen, Etablierung von Fact Checking
Laufender Austausch und länderübergreifende Professionalisierung	Alle Teilnehmer der Allianz sind IFCN-zertifiziert, länderübergreifende Vernetzung der Faktencheck-Teams

»Democracy Dies in Darkness«

nnova
felder
Nachr
agent

9. Innovationsfelder von Nachrichtenagenturen
Wandel als Lebensversicherung

Die Definition der für Nachrichtenagenturen erfolgskritischen Handlungs- und Innovationsfelder in der digitalen Transformation setzt ein Screening der Einflussfaktoren auf das Geschäft der Agenturen voraus. Diese Einflussfaktoren sind multidimensional und reichen wie ausgeführt von technologischen Rahmenbedingungen, geändertem Mediennutzungsverhalten, neuen Geschäftsmodellen in der Digitalisierung durch die Plattformökonomie über gesetzliche Rahmenbedingungen (*DSGVO, Leistungsschutzrecht, Media Freedom Act, Digital Services Act, AI-Act*) bis hin zur aktuellen Lage und erwarteten Zukunft der Medien als Kernkunden von Nachrichtenagenturen. Wesentlich für das Verständnis des Innovationsmanagements und der Produktentwicklung von Nachrichtenagenturen ist die zwingende Perspektive des Endnutzenden: Auch wenn die privaten Agenturen als B2B-Informationsdienstleister

»Democracy Dies in Darkness«

agieren und ihre Produkte und Services damit nicht direkt an ein Publikum kommuniziert werden, bildet das gesamte digitale Agenturmaterial wie beschrieben wesentliche Bausteine und Grundlagen der massenmedialen Berichterstattung in all ihren analogen, linearen und insbesondere digitalen Kanälen. Innovationen von Nachrichtenagenturen erfolgen damit in einer B2B2C-Logik: *B (Agenturen) to B (Medien) to C (Endnutzer:innen)*.

Das bedeutet – insbesondere für business- und diversifikationsorientierte Agenturen – ein tiefgreifendes Verständnis der Veränderungen an den Werbe- und Lesermärkten der Medien einerseits und der redaktionellen Produktionsworkflows in den Newsrooms andererseits. Als Meta-Themen für die globale Informationsindustrie in der digitalen Transformation können folgende *Shifts* genannt werden: *Digital Shift, Mobile Shift, Advertising Shift, Generational Shift* und *Gamification Shift*. Das Beratungsunternehmen *PwC* hat diese Shifts im Rahmen einer *EANA*-Konferenz im Herbst 2022 konkretisiert.

Digital Shift: Digitale Angebote gewinnen laufend an Bedeutung auf Kosten analoger Services mit folgenden drei zentralen Merkmalen: Veränderung der Nutzungsgewohnheiten durch die User:innen (beispielsweise Streaming statt lineares TV, Kino oder Radio), Stagnation oder Rückgang der traditionellen Verbreitungswege (beispielsweise Rückgang der Druckauflagen) bei einem gleichzeitig starken Anwachsen völlig neuer Kanäle in den jüngeren Zielgruppen wie E-Sports, sowie Beschleunigung der Digitalisierung und Verfestigung von digitalen Nutzungsgewohnheiten infolge der COVID-19-Pandemie (beispielsweise *On-demand-Nutzung*).

Mobile Shift: Die digitalen Angebote der Medien werden dort konsumiert, wo die Nutzer:innen gerade sind, was sich in einer *Mobile-first-Strategie* niederschlägt, mit folgenden drei zentralen Merkmalen: Der Zeitpunkt der Nutzung entkoppelt sich vom Zeitpunkt der (linearen) Kommunikation, damit steigt die Nutzung beispielsweise von TV-Streaming oder von Podcasts. Weiters diversifizieren die globalen Plattformen wie *Amazon* oder *Spotify* ihre Angebote und Services zur Steigerung der Media Time der User:innen auf ihren Plattformen. Gaming hat sich als wesentlicher Kanal zur Erreichung der *Younger Audiences* etabliert und eröffnet Unternehmen und Plattformen völlig neue Möglichkeiten im Aufbau von *Communities*.

Advertising Shift: Nach einem Einbruch der globalen Werbespendings im Corona-Jahr 2020 und einer ersten Erholung 2021 wird für die Folgejahre ein weiteres Anwachsen des Werbegeschäfts vor allem in der Onlinewerbung erwartet. Die Haupttreiber dafür sind mobile Apps (inklusive Kurzvideos auf *TikTok), Connected TV* und Werbung im Gaming-Sektor.

Generational Shift: Neue globale Plattformen wie *TikTok* adressieren massiv die sehr jungen bis jüngeren Zielgruppen und eröffnen dementsprechend für die Werbebranche einen neuen Fokus. Korrelierend mit den insgesamt wachsenden sozialen Netzwerken und insbesondere dem starken Wachstum von *TikTok* mit neuen Möglichkeiten von einfach produzierten Inhalten wandern die Werbebudgets genau auf jene Plattformen.

Gamification Shift: Die Gaming-Industrie verzeichnet deutliche Nutzerzuwächse und wird analog zu *Metaverse* neue Werbumfelder im Bereich Virtual und Augmented Reality schaffen.

Wie eingangs beschrieben, erfordern das Innovationsmanagement und die Produktentwicklung von Nachrichtenagenturen in diesem besonders dynamischen Umfeld der skizzierten *Meta-Shifts* ein tiefgehendes Verständnis der folgenden Themen: Daten, Technologie, Trends, Nutzungsgewohnheiten und Regulatorik. Medien und Nachrichtenagenturen haben gelernt, mit diesen Herausforderungen in interdisziplinären Teams bestehend aus Redaktion, Marketing (*UX* und *UI*) und IT umzugehen. Neu ist die laufende Einbeziehung der Rechtsabteilung in die *Early-stage-Prozesse* an der Schnittstelle von der Innovation zur Produktentwicklung, weil die Regulatorik zunehmende Anforderungen stellt.

Die beschriebenen *Meta-Shifts* stellen Einflussfaktoren auf die globale Informationsindustrie auf oberster Flughöhe dar. Eine Konkretisierung der Trends für die Medienbranche liefert das Reuters Institute in Oxford in seinem jährlichen Report *Journalism, Media, and Technology Trends and Predictions.* In der aktuellen Edition (*Ausblick 2023*) skizziert der Medienwissenschaftler und Studienautor Nic Newman folgende zentrale Themen aus der Befragung von über dreihundert Medienverantwortlichen aus 53 Ländern: Angesichts der hohen Inflation und der stark gestiegenen Produktionskosten steht die (wirtschaftliche) Nachhaltigkeit von Medien auf dem Prüfstand, gepaart mit einer steigenden Vermeidung von Nachrichten aufgrund der Negativität der Berichterstattung rund um die Themen der russischen Invasion in die Ukraine, der Auswirkungen der Klimaerwärmung und der Nachwirkungen der COVID-19-Pandemie. Einerseits wird in diesem Zusammenhang auf die positive Entwicklung der Medien in der Vergangenheit in solch schwierigen Rahmenbedingungen verwiesen, andererseits wird die Frage aufgeworfen, inwieweit die Medien – mit Blick auf die steigenden Verweigerungsstrategien in der Nachrichtennutzung – ihre Angebote mit mehr »Hoffnung, Inspiration und Nützlichkeit« weiterentwickeln. Weitere zentrale Themen im Reuters-Report stellen die Herausforderungen für die etablierten globalen Plattformen wie *Facebook* dar, die die nachkommenden Alterskohorten an neue Plattformen wie *TikTok* verlieren. Ein besonderes Augenmerk legt der Report auf die neue Generation von künstlicher Intelligenz im Bereich generativer Sprachmodelle als zentralem Einflussfaktor auf das Geschäft von Medien (und Nachrichtenagenturen).

Neben den globalen *Meta-Shifts* der Informationsindustrie *(PwC)*, den konkretisierenden Trends für die Medienbranche und Journalismus *(Reuters)* als inhaltlich bestimmenden Zukunftsthemen wirkt eine Reihe von weiteren Einflussfaktoren auf Medien und Nachrichtenagenturen ein. Diese betreffen die Organisationen als solche und entscheiden maßgeblich über die Fähigkeiten dieser Organisationen, die genannten strategischen Trends und Einflussfaktoren zukünftig in den Newsrooms und Managements zu adressieren und umzusetzen. Dazu zählen vor allem die Themen *New Work, Skills, Diversity, Recruiting* und Talente-Management. Daneben haben sich die Themen Cyber-Security und Nachhaltigkeitsberichterstattung *(ESG)* als Top-Themen auch für Medien und Agenturen platziert. Da es sich hierbei um branchenübergreifende und weniger um agenturspezifische Herausforderungen handelt, werden diese Themen in weiterer Folge nicht behandelt.

»Democracy Dies in Darkness«

Eine wertvolle Analyse der für Nachrichtenagenturen dominanten Zukunftsthemen liefert die jährliche Umfrage der Agenturvereinigung *MINDS* innerhalb ihrer Mitglieder. Für 2022 haben folgende Themen als Einflussfaktoren auf das Geschäft von Nachrichtenagenturen eine besondere Bedeutung erlangt: *Recruitung* und Talente-Auswahl *(War for Talents), Cloud Computing* und die Kooperation mit Partnern wie anderen Nachrichtenagenturen, Medien und Technologieunternehmen. Ebenfalls stark gestiegen in der Bedeutung für die Agenturen-Managements ist die Zusammenarbeit mit den großen Plattformen wie *Google*. Die Ergebnisse sind sehr einleuchtend, zumal sie die steigende Bedeutung der technologischen Aspekte im Agenturjournalismus fokussieren und dadurch den kooperativen Gedanken ins Treffen führen, der damit unabdingbar verbunden ist. Das Thema der Zusammenarbeit mit Plattformen stellt eines der erfolgskritischen und multidimensionalen Zukunftsthemen dar, sowohl für Nachrichtenagenturen als auch für Medien. Einerseits geht es um die in vielen europäischen Ländern nach wie vor offene Frage der Vergütung von Medien- und Agenturinhalten durch die Plattformbetreiber nach Überführung der europäischen Copyright-Direktive in das jeweilige nationale Recht (Leistungsschutzrecht). Andererseits kooperieren Medien wie Nachrichtenagenturen mit den großen Plattformen im Rahmen unterschiedlicher Programme, am Beispiel von *Google* im Rahmen von *Google News Showcase* oder in der *Digital News Initiative (DNI),* wo definierte Innovationsprojekte von *Google* finanziert werden. Darüber hinaus finanzieren Plattformen wie *Google* oder *Facebook* im Rahmen von Partnerschaften mit *IFCN*-zertifizierten Nachrichtenagenturen

Schulungen und Recherchen für Fact Checking, die dann von den Agenturen publiziert werden. Die Themen *Kooperation* einerseits und *Plattformen* andererseits werden gerade im Innovationsmanagement von Nachrichtenagenturen eine Schlüsselrolle einnehmen und sich in der Folge zu zwei wesentlichen neuen Erlös-Säulen für Agenturen entwickeln.

Unter Bezugnahme auf die Ausführungen zum Grundauftrag von privaten Agenturen für ihre Medieneigentümer, der sich in der Digitalisierung vom Inhalte-Lieferanten zum Digital-Anbieter stark weiterentwickelt hat, werden die Anforderungen an die Agenturen als Transformationstreiber der Medienbranche in den kommenden Jahren noch deutlicher und rascher steigen. Aktuell interpretieren die unabhängigen Agenturen ihren Grundauftrag in der Erbringung der unmittelbaren redaktionellen Dienstleistungen (*Basisdienste*) und im Erwirtschaften von Gewinnen und Dividenden durch Nichtmitglieder-Geschäft (Kunden außerhalb der Eigentümerschaft) und neue generische Geschäftsfelder (beispielsweise Verbreiten von Presseaussendungen, Medien-Datenbanken, Medienbeobachtung). Erfolgreiche Agenturen liefern ihren Eigentümern und Medienkunden Werkzeuge für die digitale Transformation des Mediengeschäfts als eine Art zusätzliche Innovations- oder Transformations-Dividende (*Member Value*). Angesichts der aktuellen wirtschaftlichen Lage der Medien (Inflation, Energiepreise, *Shift* der Werbegelder) und den strukturellen Veränderungen im Mediennutzungsverhalten (*Digital Shift*) findet eine weitere Verlagerung in das digitale Publizieren und in die digitale Distribution bei gleichzeitig notwendigen Kostenanpassungen in allen Medien statt. Damit steigt – umgekehrt betrachtet – der Bedarf an Leistungen der Nachrichtenagenturen für ihre Medieneigentümer auf allen Ebenen: redaktionell durch neue digitale Formate wie Video, Audio, Live-Blogs und *Automated Content* sowie technologisch durch ein *Outsourcing* von IT- und Digital-Dienstleistungen an die Agenturen, da diese Services für mehrere Abnehmer effizienter, kostengünstiger und *State of the Art* betrieben werden können. Die Agenturen wiederum müssen den IT- und Digital-Betrieb dieser neuen Dienstleistungen aufbauen, um in der Folge diese Innovations- oder Transformationsdividenden zu bedienen. Jede Form der Digitalisierung von Produkten, Geschäfts- und Produktionsprozessen ist investitionsintensiv, weshalb die Agenturen ihrerseits Kooperationen suchen und zunehmend in internationalen Konsortien von Nachrichtenagenturen bei groß angelegten EU-Förderprogrammen pitchen. Beispiele aus der Agenturwelt für die Förderung von großen Agentur-Netzwerken ist der *European Newsroom* von 16 Agenturen in Brüssel oder das Projekt *Digital Media Observatory (GADMO)* zur Bekämpfung von Fake News im deutschsprachigen Raum. Besonders spannend entwickeln sich aktuelle Förderprogramme auf europäischer Ebene im technologischen Bereich, wo grenzüberschreitende Infrastrukturen

Artificial Intelligence | ChatGPT | New Work | Divers
Platforms | Copyright | Inflation | COVID-19
Gamification | Advertising | Automation | Data | Young
War on Information | Digital Humanism | War
Digital Services Act | Digital Skills | Agile Coding | C
Digital Transformation | Desinformation | New

für die Medienbranche errichtet werden sollen. Ein Beispiel dafür stellt der *European Media Space* dar, der den zukünftigen Rahmen und die Standards für das gesamte Daten-Management von Medien definieren soll – unter maßgeblicher Beteiligung von Nachrichtenagenturen als zentrale Gateways und Knotenpunkte der internationalen Nachrichten- und Informationsströme. Die Finanzierung dieser Vorhaben wird tatsächlich nur im Rahmen von EU-Förderprogrammen in Kooperation von mehreren Nachrichtenagenturen erfolgen können. Die (nicht zuletzt administrative) Fähigkeit von Agenturen zur Kooperation und Teilnahme an internationalen EU-Projekten stellt eine wesentliche neue Finanzierungsquelle im Innovationsmanagement von Nachrichtenagenturen für die Medien als Eigentümer und Kunden dar. Zusätzlich zu diesen öffentlichen Förderprogrammen für die Entwicklung von technischer Infrastruktur werden Plattformen in differenzierten Geschäftsbereichen ein wichtiger Partner von Agenturen zur Finanzierung von Innovationsprojekten der Nachrichtenagenturen. Der Prototyp des von der *APA* betriebenen Log-in-Systems für die österreichischen Medien (*MediaKey*) wurde im Rahmen einer *Google-DNI*-Förderung finanziert. Darauf aufbauend hat die Nachrichtenagentur weitere definierte Projekte mit *Google* in die Umsetzung gebracht, beispielsweise ein datenjournalistisches Tool für Klimaberichterstattung und ein Realtime-Monitoring-Tool für Redaktionen. Kooperationen von Nachrichtenagenturen im Zusammenhang mit Förderprogrammen der EU einerseits und mit Programmen der Plattformen andererseits entwickeln sich zukünftig zu einer relevanten Finanzierungsbasis für Innovationsprojekte der Agenturen zur Erfüllung ihres digitalen Grundauftrages.

Egal ob staatlich oder privat – die internationalen Einflussfaktoren auf Nachrichtenagenturen in ihren jeweiligen Ländern sind recht ähnlich. Wie die einzelnen Agenturen darauf reagieren, hängt maßgeblich von ihrer Eigentümerstruktur, ihrem Unternehmenszweck und ihrem Grundauftrag ab. Private Agenturen müssen zur Sicherstellung ihrer redaktionellen Unabhängigkeit innovations-, diversifikations- und ergebnisorientiert arbeiten.

Für private Agenturen lassen sich aus den beschriebenen Einflussfaktoren – *Meta-Shifts* in der Informationsindustrie *(PwC-Outlook)*, Trends in Medien und Journalismus *(Reuters-Report)*, Zukunftsthemen der Agenturen *(MINDS-Survey)* – folgende erfolgskritische Handlungs- und Innovationsfelder ableiten:

Top 10: Erfolgskritische Handlungs- und Innovationsfelder für Nachrichtenagenturen

Feld	Beschreibung
1. Trust & Verification	Erweiterung Fact Checking, Transfer *true and unbiased* auf neue Geschäftsfelder, Audits
2. Data & Artificial Intelligence	Datenorientierte Produktion, Datenjournalismus, Automatisierung in digitalen Produkten und Prozessen
3. Analytics & Digital Publishing	Content Metrics & Performance Indices, Userverhalten, digitale Distribution
4. Visual, Audio & Live	Eventorientierte Produktion, multimediale Basisdienste, neue Formate für neue Kanäle
5. Log-in- & Paywalls	Digital-Rights-Management, Single Sign-on, Conversions, Subscriptions
6. Customer & Collaboration	Delivery-Plattformen, digitale Geschäftsmodelle, Media Spaces, Plattform-Strategien
7. Automated Content & Ready-mades	Plug-&-Play-Content, automatisierte Content-Formate
8. Younger Audiences & Social Media	Digitale Mediennutzung, neue Erzählformate, plattformorientierte Produktion
9. Media & AI-Literacy	Nachrichtenkompetenz, Leitlinien, Governance
10. Member Values	Moderne Interpretation des kooperativen Grundauftrags

»Democracy Dies in Darkness«

Strategie-Matrix: Top-3-Ziel-Dimensionen für Nachrichtenagenturen

Feld	Dimension 1
1. Trust & Verification	IFCN-Zertifizierung und Aufbau Fact Checking
2. Data & Artificial Intelligence	Impact-Dashboards für Medien-Produktion
3. Analytics & Digital Publishing	Impact-Dashboards für User-Nutzung
4. Visual, Audio & Live	Ressort Data & Graphics
5. Log-in- & Paywalls	Medienübergreifendes Log-in-System
6. Customer & Collaboration	Standards für Content-Auslieferung, API-Geschäftsmodelle für Daten
7. Automated Content & Ready-mades	Neue Inhalte durch Automated Content
8. Younger Audiences & Social Media	Ressortübergreifende Klima-Coverage
9. Media & AI-Literacy	Vermittlung Nachrichten-Kompetenz
10. Member Values	Digitalisierung Grundauftrag

Die definierten erfolgskritischen Handlungs- und Innovationsfelder von Nachrichtenagenturen können als Grundlage für die operative Umsetzung mit folgenden ausgewählten Ziel-Dimensionen konkretisiert werden:

Dimension 2	Dimension 3
Trusted Content und Trusted AI (Content-Authentifizierung)	ISO- und Security-Audits für Prozesse und IT
Neue datenjournalistische Formate	Integration AI-Tools in digitale Produkte und Prozesse
App-Lösungen (hybrid)	Kiosk-Lösungen (E-Paper)
Visual- and Audio-Desk	Live-Desk
Behind-the-Paywall-Content-Formate	Conversion-orientierte Contentformate
Kapitalisierung von Kooperationen (EU-Förderprogramme)	Kapitalisierung von Plattformen (Rechteketten, Programme)
Live-Video, Live-Blogs, Grafik-Automatisierung mit Branding	Redaktionelle & technische Streaming-Infrastruktur
Content-Formate für neue Plattformen	Integration jüngerer Zielgruppen in Produktion
Dialogorientierte Audience-Strategien	Leitlinie zum Einsatz künstlicher Intelligenz
Medienübergreifende Projekt-Plattformen	Finanz- und Innovations-Dividenden

»Democracy Dies in Darkness«

Von Tr
Conter
Truste
AI

10. Von Trusted Content zu Trusted AI
Der Weg zu echtem Wissen

Die präsentierten erfolgskritischen Handlungs- und Innovationsfelder erfahren durch eine *SWOT-Analyse* der Nachrichtenagenturen eine wichtige Konkretisierung zur weiteren operativen Umsetzung: Wo liegen besondere Stärken und Chancen der Agenturen *(interne Analyse)*, wo hingegen Schwächen und Risiken für die Agenturen *(externe Analyse)*? Die Analyse der Stärken *(strengths)*, Schwächen *(weaknesses)*, Chancen *(opportunities)* und Risiken *(threats)* kann naturgemäß nicht über alle Agenturen hinweg durchgeführt werden, jedoch lassen sich gemeinsame Merkmale als Stoßrichtungen definieren (beschränkt auf jeweils fünf Punkte). Entlang der Korrelation der einzelnen Quadranten lassen sich aus der SWOT-Analyse standardisierte Strategie-Ansätze ableiten. Stärken-Chancen: *ausbauen,* Schwächen-Chancen: *aufholen,* Stärken-Risiken: *absichern,* Schwächen-Risiken: *vermeiden.*

»Democracy Dies in Darkness«

SWOT-Analyse: Nachrichtenagenturen in der digitalen Transformation

	Positive Faktoren	Negative Faktoren
Unternehmen (interne Analyse)	*Stärken:* • Nachrichtenkompetenz und 24×7 • Trusted Content und Qualitätsstandards • Ready-made- und Live-Formate • Digitalisierung der Produktionsprozesse • Datenorientierte Produktion	*Schwächen:* • Diversität in der Organisation • (Social-Media-)Skills • Capabilities für EU-Fördermanagement • Digitalisierung der Geschäftsmodelle • Integration in Kundensysteme
Umfeld (externe Analyse)	*Chancen:* • (Generative) AI-Technologien • Outsourcing durch Medien-Kostendruck • Fakten-Räume gegen Desinformation • Neue Datenquellen durch Informationsfreiheit • Kontextualisierte Werbeformate (cookieless)	*Risiken:* • Einstellung von Medienmarken • Keine Umsetzung Copyright-Direktive • Preisdruck durch Lieferantenstatus • Insourcing durch Medienkonzentration • Content-Piraterie

Stärken (*strengths*), Schwächen (*weaknesses*), Chancen (*opportunities*) und Risiken (*threats*) von und für Nachrichtenagenturen

Die aus der SWOT-Analyse erstellte Kombination aus den Achsen *Stärken* und *Chancen* weist für Nachrichtenagenturen ein stark korrelierendes, herausragendes Strategiefeld der Zukunft aus: die Verbindung von *Trusted Content* (Stärken) mit *Generative Artificial Intelligence* (Chancen). Es liegt im Auge des Betrachters, ob man die neuen disruptiven AI-Technologien der generativen Sprachmodelle aus Sicht der Agenturen als Chance oder als Risiko einstuft. Diese Einstufung hängt letztlich davon ab, welche strategischen Zugänge man dazu wählt: offensiv im Sinne der kontrollierten Integration dieser Technologien in die Services und Prozesse bis hin zum Aufbau eines neuen, AI-basierten Produktportfolios mit neuen Geschäftsmodellen für Agenturen oder defensiv im Sinne der Beurteilung des Themas als Risikofaktor für die journalistische Produktion. Meines Erachtens ist beides richtig: Generative AI eröffnet völlig neue Möglichkeiten, die allerdings einen scharf definierten Rahmen benötigen. Die Chancen für Agenturen durch eine kontrolliert-offensive Integration von AI in ihre Produktion und Prozesse sind groß, wesentlich größer sind meines Erachtens die Risiken, diese Chancen verstreichen zu lassen und das Feld anderen Anbietern zu überlassen. Der strategische Impact von *ChatGPT* – stellvertretend für andere Systeme und kommende AI-Generationen – ist für Nachrichtenagenturen ähnlich hoch wie die Einführung der Satellitenkommunikation oder die Entstehung des Internets. Beide letztgenannten Technologien haben die bis dahin monopolartigen Strukturen von Agenturen in der Produktion und Übermittlung von Nachrichten disruptiv verändert – und dieser Prozess ist selbst mit Blick auf das *Web 2.0* und insbesondere auf das kommende *Web 3.0* bis zum heutigen Tag voll im Gange. Das Internet hat alles verändert. Nunmehr hat generative AI das Potenzial, das Internet beziehungsweise die aktuell dominierenden Formen der globalen Plattformökonomie selbst massiv zu verändern. Die Entstehung des Internets mit seinen schier endlos verfügbaren Inhalten hat manche das Ende des Modells von Nachrichtenagenturen prognostizieren lassen. Es gibt viele Gründe, warum das Internet nicht das Ende der Agenturen eingeleitet hat. Ein wesentlicher Grund dafür ist, wie die Agenturen selbst mit den Risiken, insbesondere aber Chancen des Internets und seinen neuen Anforderungen und Möglichkeiten für die Informationsgesellschaft umgegangen sind. Jene Agenturen, die diese Chancen frühzeitig antizipiert und einen dauerhaften Transformationsprozess im Agenturjournalismus eingeleitet und neue Geschäftsfelder erschlossen haben, sind heute im Schnitt deutlich besser positioniert als jene Agenturen, die diese notwendigen Innovationen nur spät oder schleppend zu vollziehen begonnen haben. Der Grund dafür ist einfach erklärt: Die Medien als Hauptkunden der Agenturen haben bei fehlenden digitalen Produktentwicklungen ihrer Lieferanten (Agenturen) selbst begonnen, diese Dienstleistungen für den digitalen Raum zu entwickeln oder haben sich alternativer Lieferanten bedient: Das hat manche Agenturen in Schieflage gebracht. Auch wenn derzeit – wie weiter unten ausgeführt – generative AI keine journalistischen Texte oder Nachrichten *alleine* ohne weitere menschliche Prüfung auswählen und verfassen kann (journalistische Selektion und Produktion), ist die aktuell verfügbare AI-Technologie wohl nur ein Vorgeschmack auf eine mögliche bis sehr wahrscheinliche Revolution in der Analyse, Verarbeitung und Erstellung von Texten und Bildern – und Nachrichten. In Analogie zu Milliarden von *Google*-Suchanfragen, die die analogen amorphen Zielgruppen für Werbung datenbasiert auf die einzelne digitale Nutzerebene herunterbrechen, werden Milliarden von Inputs in die AI-Systeme diese trainieren und lernen lassen. Das bedeutet noch keinesfalls, dass der Output aus der AI faktenbasiert ist, wie das vorliegende Beispiel zeigt: Eine *ChatGPT*-Abfrage (»Was ist die *APA?*«) wies die staatlich unabhängige *Austria Presse Agentur* als ein öffentlich-rechtliches Unternehmen, das vom Innenministerium finanziert wird, aus. Das sind echte Fake News und das genaue Gegenteil dessen, was die *APA* ist, nämlich eine private Agentur im Medieneigentum ohne jegliche staatliche Subvention. Genau an dieser Stelle sehe ich den Einsprungpunkt zur weiteren Bewertung dieser neuen AI-Technologien und es zeigt, warum ich diesen Punkt in Korrelation mit dem faktenbasierten Wertesystem und Innovationsfeld *Trust and Verification* von unabhängigen Agenturen als Chance begreife. Zunächst müssen gerade Medien und Journalismus verstehen, wie diese Technologien der generativen AI funktionieren. Es handelt sich um ein generatives Sprachmodell, in dem Wahrscheinlichkeiten hinterlegt sind, wie bestimmte Wörter aufeinander folgen. Was sich als flüssiger und von menschlicher Hand geschriebener Text liest und sich von der Maschine nicht mehr unterscheiden lässt, ist das Ergebnis eines statistischen Prozesses über Wahrscheinlichkeiten, die allerdings nicht abgrenzbar sind. Das heißt, man liest Texte, die nur aufgrund von Wortabfolge-Wahrscheinlichkeiten entstehen, aber nicht auf Basis von Fakten. Sie erzeugen damit kein echtes Wissen.

Als *erstes Fazit* über *ChatGPT* kann gezogen werden: *ChatGPT* ist kein journalistisches Recherchewerkzeug. Warum sollte es das auch sein? Der Output von *ChatGPT*-Abfragen hängt direkt mit dem Input zusammen, einer breiten, oftmals ungeprüften Informationsbasis aus vielen Online-Quellen, die nach Wahrscheinlichkeitsmodellen miteinander verknüpft werden.

Zweites Fazit: *ChatGPT* hat so etwas wie ein dialogisches, aber kein Faktenwissen. AI benötigt damit als Input faktenbasierte Informationen und Orientierung über die Einsatzgebiete, damit Anwendungen wie *ChatGPT* nicht zum Superspreader für Fake News werden. Fakten und Orientierung – das sind die besten Assets von Qualitätsjournalismus. Deshalb bin ich der Meinung, dass Qualitäts- und unabhängiger Agenturjournalismus dafür prädestiniert sind – als sicherer Hafen für den verantwortungsvollen Einsatz von generativer AI. Auf diese Weise kann es eine fruchtbringende Kooperation zwischen Medien und AI auf Augenhöhe geben.

Als *drittes Fazit* kann damit gezogen werden: AI muss mit Fakten »erzogen« und gut ausgebildet werden. Viele Medien und Agenturen experimentieren derzeit aus guten Gründen mit künstlicher Intelligenz, da mit *Generative Artificial Intelligence* nunmehr mächtige und zukunftsweisende technische Werkzeuge im Vormarsch sind, die in die geschulten Hände und in das sichere Umfeld von Qualitätsjournalismus gehören. *ChatGPT* ist wie beschrieben kein journalistisches Recherchetool, ich sehe hingegen extrem spannende Medienanwendungen der Technologie in der Erstellung, Verarbeitung und Analyse von Inhalten – mit faktenbasierten Inputs. Diese neuen Anwendungen in Form von Produkten und Geschäftsmodellen entstehen vor allem aus der Idee einer geteilten, verifizierten Informationsbasis von Medien und Nachrichtenagenturen in einem gemeinsamen Wissensraum. Ist in diesem Wissensraum beispielsweise eine Person öffentlichen Interesses, ein Lokalpolitiker oder eine Sportlerin einmal klar verifiziert, kann die gesamte Beschlagwortung, Metadaten-Codierung und Gesichtserkennung in Millionen von Bilddatenbanken, Biografien etc. auch bei Veränderungen von beruflichen Funktionen dieser Personen oder bei unterschiedlichen Schreibweisen von allen teilnehmenden Medien und Agenturen automatisiert genutzt werden. Dasselbe gilt für Organisationen, Unternehmen und Orte. Mit integrierter AI entsteht ein faktenbasierter, medien- und agenturübergreifender gemeinsamer Wissensraum. Das spart enorme Ressourcen in der journalistischen Produktion. Sind genügend Entitäten verifiziert, kann generative AI ihre volle Stärke in unterschiedlichsten Anwendungen ausspielen, aber immer im kontrollierten Rahmen mit faktenbasierten Informationen.

Viertes Fazit: Neue Geschäftsmodelle und neue Services der Medien und Nachrichtenagenturen entstehen – zielgruppenorientiert, themenfokussiert, datengetrieben, formatangepasst.

Die österreichische *APA* beschäftigt sich seit einigen Jahren intensiv mit dem Thema künstliche Intelligenz im Journalismus, begreift sich als *First Mover* in der Branche und setzt viele AI-Bausteine in ihren Produktionsprozessen und digitalen Produkten ein. In der laufenden Unternehmensstrategie hat die Nachrichtenagentur drei zentrale Säulen definiert. Neben *Digital Workplace* und *Digital Platforms* ist die dritte Säule das Innovationsfeld *Data & AI (Digital Business)*. In dieser Säule werden die gegenwärtigen und zukünftigen

AI-Anwendungen zur Umsetzung gebracht. Die neue Strategie zu diesem Thema lautet *Trusted AI*. *Trusted AI* ist die logische Weiterentwicklung von *Trusted Content* als zentralem Asset von unabhängigen Nachrichtenagenturen und bringt die neuen AI-Technologien – entsprechend dem redaktionellen Wertesystem – in ein zuverlässiges und transparentes Umfeld. Die Handlungsfelder von *Trusted AI* orientieren sich an den zentralen Zielgruppen von diversifizierten Agenturen – Journalismus, Kommunikation und IT – und adressieren die Integration von AI-Werkzeugen in die Produktionsprozesse und in die digitalen Agenturprodukte. Aus diesem Grund hat sich die *APA* eine eigene Leitlinie zum verantwortungsvollen Einsatz von künstlicher Intelligenz als ethischen Ordnungsrahmen gegeben. Den Ausgangspunkt dafür bilden die Ethik-Leitlinien für eine vertrauenswürdige KI der Europäischen Kommission aus dem Jahr 2018 mit folgenden Grundsätzen: Achtung der menschlichen Autonomie, Schadensverhütung, Fairness und Erklärbarkeit. Daran anknüpfend wird die Einhaltung folgender Anforderungen an vertrauenswürdige KI bei der Entwicklung, Einführung und Nutzung von KI-Systemen in der Nachrichtenagentur definiert:

- *Vorrang menschlichen Handelns und menschliche Aufsicht:* Die Wahl, ob eine KI im gegenständlichen Fall die Bildersuche nach Personen öffentlichen Interesses in den Agenturdatenbanken unterstützen soll, liegt bei den nutzenden Personen, je nachdem, ob der explizit gekennzeichnete KI-Filter am Bildportal aktiviert wird oder nicht.
- *Technische Robustheit und Sicherheit:* Widerstandsfähigkeit gegen Angriffe und Sicherheitsverletzungen, Auffangplan und allgemeine

Sicherheit, Präzision, Zuverlässigkeit und Reproduzierbarkeit
- *Schutz der Privatsphäre und Datenqualitätsmanagement:* Schutz der Privatsphäre und Datenschutz, Personen öffentlichen Interesses, Qualität und Integrität der Daten, Datenzugriff
- *Transparenz:* Rückverfolgbarkeit, Erklärbarkeit, Kommunikation, klare Rollenverteilung
- *Vielfalt, Nichtdiskriminierung und Fairness:* Trainings- und Testdaten, Evaluierung des Modells, interner Testlauf und Validierung, laufender Betrieb
- *Gesellschaftliches und ökologisches Wohlergehen sowie Rechenschaftspflicht*

Neben diesem ethischen Ordnungsrahmen für den Einsatz von vertrauenswürdiger künstlicher Intelligenz definiert die wichtigste Studie über AI im österreichischen Medienmarkt (*AI.AT.Media*[1]) folgende AI-Anwendungsgebiete in den drei Grundpfeilern der Media Value Chain:

Sourcing
- Textanalyse
- Multimediale Analyse
- Themenmonitoring und Relevanzbewertung
- Knowledge Representation
- Verifikation
- Rechteverwaltung

---

[1] APA – Austria Presse Agentur; Joanneum Research & Bundesministerium für Klimaschutz, Umwelt, Energie, Mobilität, Innovation und Technologie: AI.AT.Media. AI and the Austrian Media Sector: Mapping the Landscape, Setting a Course. Wien, 2021.

Produktion
- Textgenerierung
- Multimediale Generierung und Qualitätsverbesserung
- Editing und Storytelling
- Grafik, Visualisierung, *VFX*, Virtuelle Studios
- Inklusion und Barrierefreiheit
- Business Decision Support

Distribution
- Recommendation und Targeting
- Contentplatzierung und Contentverknüpfung
- *IPTV/OTT*-Distribution, Streaming
- Moderation
- Medienbeobachtung
- Conversational Interfaces

Nachrichtenagenturen stehen an der Schwelle zu einer AI-basierten Produktions- und Produktzukunft. Die gegenüberliegende Übersicht gibt einen schematischen Ausblick auf die zukünftige AI-Produktwelt von Agentur-Newsrooms und die diversifizierten Geschäftsfelder in den Bereichen Medienbeobachtung und Verbreitung von multimedialen Presseinformationen.

Insgesamt ist festzuhalten, dass das Thema künstliche Intelligenz im Journalismus eine Geschichte von Missverständnissen, Hoffnungen und Ängsten ist und ich den in diesem Kontext oftmals verwendeten Begriff Roboterjournalismus für missglückt halte. Der Begriff suggeriert, dass die AI-Maschinen die Redakteur:innen ablösen und dass künstliche Intelligenz damit Arbeitsplätze in den Newsrooms

Schema der zukünftigen AI-Produktwelt von diversifizierten Nachrichtenagenturen

Produkt	Beschreibung	AI-Element	Nutzen
Visual AI: Logoerkennung	Trainierte Logos auf Bildmaterial finden	Logoerkennung	Vermessung von Logopräsenz in Publikationen
Visual AI: Gesichtserkennung	Erkennen von Gesichtern, Zuweisung von Personen zu Bildern, trainierte Personen mit Metadaten für geografisch definierten Medienbedarf anreichern	Gesichtserkennung, Gesichtsidentifikation	Effizienz in Recherchen, Erhöhung Vermarktungspotenzial von eigenem Content
Visual AI: Objekterkennung	Erkennen von Objekten in Bildern, Zuordnung von Objekten an Bilder, basierend auf einer Taxonomie	Objekterkennung	Effizienz in Recherchen, Erhöhung Vermarktungspotenzial von eigenem Content
Automated Journalism	Automatisierte Content-Erstellung anhand strukturierter Daten, z.B. Corona-Meldungen, Wahlberichterstattung, Statistiken	NLP-Templating	Erweiterung der Contentpalette um Inhalte, die bisher nicht produziert wurden

»Democracy Dies in Darkness«

Produkt	Beschreibung	AI-Element	Nutzen
Automated Content – on demand	Individuelle Projektentwicklung für spezifische Kunden	NLP-Templating	Entwicklung von neuen, automatisiert erstellten Produkten
Smart Tagging	Entitäten-Erkennung: Organisationen, Personen, Orte, Firmen und abstrakte Konzepte	Knowledge Graph, Machine Learner	Effizienz in redaktionellen Recherchen und Prozessen, Erhöhung Vermarktungspotenzial von eigenem Content
Journalistische Metadaten	Schnittstelle, um Texte mit KI beschlagworten zu lassen, die auf journalistischen Entscheidungen basiert	Machine Learner	Neue, feingranulare, automatisierte Content-Pakete und Nutzungsanalyse auf Content-Ebene
Impact Dashboard	Dashboards, für Verortung der eigenen Content-Strategie im Medien-Ökosystem: Diffusionsanalyse, Benchmarking	Machine Learner, Topic Detection, Topic Clustering	Steuerungswerkzeug für Content-Strategie, Positionierungswerkzeug der eigenen Inhalte und Analyse zum Mitbewerb
Speech2Text	Direkt in Plattform genutzt oder als On-premises-Lösung beim Kunden	Sprechererkennung, Übersetzung	Effizienz in audiovisueller Produktion und Recherche durch suchbare Inhalte, Barrierefreiheit

Produkt	Beschreibung	AI-Element	Nutzen
Smartes Bildarchiv	KI-Unterstützung für Suchen und Beschlagwortung in Bilddatenbanken	Gesichtserkennung, Objekterkennung	Effizienz in Recherchen, Erhöhung Vermarktungspotenzial von eigenem Content
Press-Release-Text-Converter	Erstellen vorbereiteter Formate (Social Media, Blog, Newsletter) aus Freitext	GPT-basierte Textumwandlung	Effizienz in der Content-Produktion von Multi-Channel-Formaten
Text-Assistent	Journalistische Werkzeuge, z.B. Extraktion von Daten aus Texten, Vorschläge für Zusammenfassungen mehrerer Meldungen, regelbasierte Textbausteine für Meldungen	GPT-basierte Textumwandlung, Fine-Tuning-Modelle, NLP-Templating	Effizienz für bestimmte Teile der Content-Produktion
Defalsif-AI	Demonstrator, Identifikation von Fake News, Deep Fakes usw.		Einfachere Prüfung von Informationen auf Echtheit
Bild- und Video-Content-Support	Empfehlungen von Videos und Bildern, Integration in die Produktion via API, basierend auf verfasstem Inhalt	Speech2Text, Objekt- und Gesichtserkennung, Textähnlichkeit	Erweiterung von Content um audiovisuelle Beiträge innerhalb der Produktionssysteme

»Democracy Dies in Darkness«

zerstört. Aus meiner bisherigen Erfahrung und auch mit Blick in die nähere Zukunft ist das eine Fehleinschätzung. Es ist eher das Gegenteil passiert: Wie am Beispiel der *APA* ersichtlich, wird AI zur Erschließung neuer Content-Angebote eingesetzt, beispielsweise für automatisierte Wahlberichte auf Basis strukturierter Wahlergebnisse oder zur Entlastung der Redaktionen durch Automatisierung von Routinetätigkeiten wie Metadaten-Codierung von Meldungen.

Zusammenfassend kann folgende erste Zwischenbilanz zur neuen AI-Generation *ChatGPT* gezogen werden:

- *Fazit 1:* ChatGPT ist kein journalistisches Recherchewerkzeug.
- *Fazit 2:* ChatGPT hat so etwas wie ein dialogisches, aber kein Faktenwissen.
- *Fazit 3:* ChatGPT muss mit Fakten »erzogen« und trainiert werden und gehört in ein definiertes sicheres, vertrauenswürdiges und transparentes Umfeld.
- *Fazit 4: Trusted Content* ist die Basis für *Trusted AI* und lässt völlig neue Geschäftsmodelle und neue Services der Medien und Nachrichtenagenturen entstehen – zielgruppenorientiert, themenfokussiert, datengetrieben, formatangepasst.

Der folgende Exkurs verdeutlicht im Rahmen eines Gastkommentars für ein österreichisches Medienfachmagazin einen Selbstversuch mit *ChatGPT*.

Exkurs: »APA-Trusted-AI: Wie die Austria Presse Agentur den Journalismus der Zukunft gestaltet«

Von Clemens Pig

Als Vorstand der *Austria Presse Agentur (APA)* bin ich stolz darauf, dass wir mit unserer *APA-Trusted-AI*-Strategie eine Vorreiterrolle in der Integration von künstlicher Intelligenz (KI) im Journalismus einnehmen. Wir haben uns für die Periode 2021 bis 2023 drei zentrale Säulen definiert: *Digital Workplace, Digital Platforms* und das Innovationsfeld *Data & AI (Digital Business)*, das wir nun in die strukturierte Umsetzung bringen. Die Handlungsfelder von *APA-Trusted-AI* orientieren sich an den zentralen Zielgruppen der *APA* – Journalismus, Kommunikation und IT – und adressieren die Integration von AI-Werkzeugen in die Produktionsprozesse und in die digitalen Produkte der *APA*.

In der Umsetzung unserer AI-Strategie haben wir bereits einige Anwendungen von AI in der *APA* integriert, wie zum Beispiel *Automated Content*, Text-Assistenten und medienforensische Werkzeuge zur Identifikation von Desinformationen in der Redaktion oder vollautomatisierte *Speech2Text*-Lösungen. Aber wir setzen auch auf die Einführung neuer Produkte, wie *APA-Signals*, ein innovatives umfassendes Monitoring-Tool von digitalen Informationen für Redaktionen, das wir im Rahmen der neuen Transformationskooperation mit einem Funding von *Google* umgesetzt haben.

Um unsere AI-Strategie erfolgreich umzusetzen, haben wir auch ein zehnköpfiges Team von Experten im *APA-medialab* eingerichtet, das für die Entwicklung und Implementierung von AI-Produkten und -Dienstleistungen verantwortlich ist, die für unsere Mitglieder und den Medienmarkt insgesamt von Vorteil sind ...

... Unser strategisches Ziel ist die Weiterentwicklung der Nachrichtenagentur vom multimedialen Inhalte-Lieferanten zu einer Daten- und AI-basierten Produktions-Plattform. Wir wollen eine kollaborative Plattform sein, die eng mit den Produktionssystemen der Medien verbunden ist und einen nahtlosen Zugang zu *APA*-Lösungen wie *APA-Trusted-AI* ermöglicht. Eine konkrete Zielsetzung für 2023 ist die Entwicklung eines neuartigen österreichischen *AI-Medienhubs operated by APA* als gemeinsamer Wissensraum der heimischen Medienunternehmen, in dem künstliche Intelligenz auf Basis faktenbasierter Informationen trainiert und genutzt werden kann.

... Die Integration von AI in den Journalismus bietet viele Chancen, aber auch Herausforderungen. Daher ist es wichtig, dass wir uns als *APA* auf den verantwortungsvollen Einsatz von AI konzentrieren. Die Entwicklung von *APA-Trusted-AI* als logische Weiterentwicklung von

Trusted Content ist ein entscheidender Schritt in diese Richtung. Wir möchten sicherstellen, dass die neuen AI-Technologien in ein sauberes Umfeld integriert werden und dass sie in Einklang mit unseren redaktionellen Werten stehen.

... Die Entwicklung von neuen Geschäftsmodellen und Services für Medien wird dazu beitragen, den Informationsbedarf unserer Gesellschaft zu decken und einen Beitrag zur Stärkung unserer Demokratie zu leisten.

... AI kann beispielsweise dabei helfen, Nachrichten schneller und effizienter zu produzieren, Faktenchecks durchzuführen und Artikel in verschiedenen Formaten zu erstellen. Auch die Personalisierung von Inhalten für die Leser:innen ist durch den Einsatz von AI möglich. Dadurch können wir den Bedürfnissen unserer Zielgruppen besser gerecht werden und eine höhere Leserbindung erreichen.

... Auch die Verbreitung von Nachrichten über Social-Media-Kanäle wird durch den Einsatz von AI-Tools optimiert und schneller.

Wir bei der *APA* setzen uns dafür ein, diese Chance zu nutzen und den Journalismus der Zukunft aktiv mitzugestalten. Dabei möchten wir stets unser Verantwortungsgefühl gegenüber unseren Leser:innen sowie unseren redaktionellen Werten im Auge behalten. Wir sind davon überzeugt, dass wir gemeinsam mit anderen Unternehmen und Institutionen eine erfolgreiche Zukunft für den Journalismus gestalten können.

»Democracy Dies in Darkness«

Von Trusted Content zu Trusted AI

Science Photo Library / picturedesk.com

Postskriptum: Dieser Gastbeitrag – auch der Titel – wurde von *ChatGPT* erstellt. Ich habe in den vergangenen Wochen eine Reihe von Vorträgen, Briefings und Interviews gegeben und in einer Presseaussendung die neue Strategie *APA-Trusted-AI* kommuniziert. *ChatGPT* hat exakt diese von mir selbst produzierten Inhalte als Inputdokumente erhalten. Mein Auftrag an *ChatGPT*: Verfasse auf Basis genau dieser Inhalte einen zweiseitigen Gastkommentar in der Funktion als Vorstand der *APA*. Das Ergebnis haben Sie eben gelesen. Ich bin mit dem Output von *ChatGPT* auf Basis meiner eigenen Worte grundsätzlich einverstanden, an manchen Stellen ist der Text besser, weil flüssiger zu lesen als meine eigenen Manuskripte. Erste Zweifel kommen mir, wenn ich an die Autorschaft denke: Bin ich der Gastkommentator oder wir beide, also *ChatGPT* und ich? Wenn die eingespielten Inhalte ausschließlich von mir stammen, dann scheint mir die Autorschaft des von *ChatGPT* erstellten Abstracts in Form des Gastkommentars unter meinem Namen in Ordnung zu sein. Aber dann lese ich den von *ChatGPT* erstellten Text in Ruhe und sehe, dass es eigentlich keine Zusammenfassung ist. Es kommen darin Begriffe vor, die ich in meinen Manuskripten gar nicht verwendet habe, wie »Demokratie«, »Leserbindung«, »Personalisierung« und »Faktenchecks«. Da sind semantisch starke Worte dabei, die ich nicht verwendet habe. Und die auch nicht unpassend in diesem Zusammenhang sind. Dann lese ich meinen eigenen, von

ChatGPT transformierten Text weiter und entdecke abseits neuer Begriffe ganze Aussagen, die einen massiven Bias vermitteln, beispielsweise: »Wir sind davon überzeugt, dass wir gemeinsam (...) eine erfolgreiche Zukunft für den Journalismus gestalten können« oder »AI kann (...) dabei helfen, Nachrichten schneller und effizienter zu produzieren« – mag sein, dass das so ist, ich habe es jedenfalls nie so schriftlich formuliert. Neue Begriffe, neue Aussagen: Was noch hat *ChatGPT* mit meinen Ausgangstexten gemacht?

Da fällt mir auf: Wohin ist meine Kritik verschwunden, dass *ChatGPT* definitiv kein journalistisches Recherchetool ist. Das habe ich ganz bestimmt in jedem meiner Texte drin, mehrfach. Wo ist meine Botschaft hin, dass der Einsatz von AI Richtlinien benötigt? Wo verbirgt sich mein strategischer Ansatz, dass die AI in das faktenbasierte Ökosystem der Qualitätsmedien und damit in sichere Hände gehört? Mein Gastkommentar liest sich wie ein sprachlich geschliffener Werbeprospekt: für die *APA,* aber insbesondere für die generative AI selbst. Kein Wort über meine kritische Einordnung und Limitationen von *GPT,* es wird im transformierten Text nur die Butterseite von AI für den Journalismus dargestellt – die es tatsächlich gibt, aber bestimmt nicht unkommentiert und ohne Einschränkungen und ohne Qualitätsanspruch. Das Irritierende für mich: *ChatGPT* hat einen extrem überschaubaren und klar definierten Input von mir erhalten, nämlich meine mehrseitigen Manuskripte zum Einsatz von (generativer) AI im Rahmen von *APA-Trusted-AI*. Und trotzdem finden neben (gezielten) Kürzungen völlig neue Argumentationen statt.

An dieser Stelle erinnere ich mich an mein jüngstes Gespräch mit unserem Chief Digital Officer in der *APA,* der mir das Ding mit dem Sprachmodell und den statistischen Wortabfolge-Wahrscheinlichkeiten bei *GPT* erklärt hat. Auch das habe ich natürlich alles in meinen Inputtexten zur Erklärung und zum Verständnis dieser neuen AI-Technologien, gerade für Medien und Journalismus, explizit drin, *ChatGPT* »dachte« wohl, dass dies unnützes Wissen sei und nicht in meinen Gastkommentare gehöre. Ich denke, *ChatGPT* hat ein dialogisches, aber kein Faktenwissen.

Richtig: Auch das wurde von *GPT* in obigem Gastkommentar ausgespart.

Von Na
Liefera
NewsT
Plattfo

11. Von Nachrichten-Lieferanten zu NewsTech-Plattformen
Ein neues Selbstverständnis

In den meisten Nachrichtenagentur-Märkten steht das Geschäft mit der Ware Nachricht unter Druck. Agenturen liefern und verkaufen Nachrichten an Kunden, die oftmals gleichzeitig ihre Eigentümer sind (Identitätsprinzip von kooperativ oder genossenschaftlich organisierten Nachrichtenagenturen).

Alle Nachrichtenagenturen sind damit in ihrem redaktionellen Kerngeschäft unweigerlich mit der wirtschaftlichen Entwicklung ihrer Kernkunden, also den Medien, verbunden. Das ökonomische Umfeld für die Medienbranche unterliegt seit vielen Jahren einem starken strukturellen Wandel und erfährt durch die außerordentlich hohe Inflation und die damit verbundenen massiv gestiegenen Produktionskosten im Verlagsbereich einerseits und durch eine weitere Verlagerung der Werbegelder zu den großen Plattformen andererseits eine

»Democracy Dies in Darkness«

deutliche Verschärfung. Dementsprechend zielen viele Maßnahmen der Medien auf Kosteneinsparungen und eine Fokussierung auf den in der globalen Aufmerksamkeitsökonomie umkämpften User- und Lesermarkt ab. Zudem erfordert die digitale Transformation eine Anpassung und Weiterentwicklung der Medienangebote in Richtung neuer redaktioneller Formate in neuen digitalen Kanälen für neue Zielgruppen. Verlage entwickeln sich zu hybriden Medienhäusern, benötigen digitalen Content in allen Formen für die mobile Distribution und Mediennutzung und fokussieren mit datenbasierten Login- und Paywalls auf die Erschließung des Lesermarkts mit dem Ziel der Konversion von Nutzern in zahlende Digital-Abonnenten.

Die Medienbranche steht inmitten einer großen Transformation, deren Geschwindigkeit seit Ausbruch des Ukraine-Kriegs und dessen wirtschaftlichen Folgen deutlich zugenommen hat. Spätestens seit der Coronapandemie sieht sich die Medienwelt mit neuen internationalen Phänomenen der digitalen Informationsgesellschaft konfrontiert, wie einem zunehmenden Vertrauensverlust in Medien, dem Vorwurf der »Lügenpresse«, einer erhöhten Erschöpfung von Medienkonsumenten (*News Fatigue*) bis hin zu einer Polarisierung in den sozialen Netzwerken, verbunden mit einem massiven Anstieg von Desinformation und *Fake News*. Dies vor dem Hintergrund, dass selbst dominierende Plattformen wie *Meta/Facebook* die jüngeren Zielgruppen an die neuen Global Player wie *TikTok* verlieren und die etablierten Digital-Konzerne in den Bereichen Suche (*Google*), Software (*Microsoft*), Transaktion (*Amazon*) und Kommunikation

(*Twitter, Meta*) jeweils zehntausende Mitarbeiter:innen zu Jahresbeginn 2023 abgebaut haben. On top wirft die neue disruptive Generation von generativer AI viele Zukunftsfragen für die Medienbranche auf, wo derzeit nicht einmal alle Fragen über AI im Journalismus und seiner Produktion, seinen Geschäftsmodellen und seiner zukünftigen Nutzung im Kontext dieser Technologien umfassend gestellt, geschweige denn ausreichend Antworten gegeben werden können.

Was bedeutet all dies für die Zukunft von Nachrichtenagenturen? Die stark integrierte Rolle von Agenturen im Medien- und Kommunikationssystem und die umfassenden Funktionen von Agenturjournalismus für die Medienkunden (Inhalte, Qualität, Planung, *NewsTech*) erfordern eine Branchenstruktur-Analyse über den Markt der Nachrichtenagenturen zur strategischen Beurteilung dieser Frage und in der Folge zur strategischen Positionierung von Nachrichtenagenturen in dieser digitalen Transformation der Medienindustrie.

Michael E. Porter liefert dafür ein bekanntes und etabliertes Management-Tool zur Bestimmung der Wettbewerbssituation in einer Branche, aus dessen Analyse sich eine längerfristige profitable Entwicklung für ein Unternehmen ableiten lässt oder nicht. Porter definiert dazu folgende fünf Elemente einer Branchenstruktur (*Porter's Five Forces*):

1. Verhandlungsmacht der *Lieferanten,*
2. Verhandlungsmacht der *Kunden,*
3. Bedrohung durch neue *Wettbewerber,*
4. Bedrohung durch *Ersatzprodukte* und
5. Wettbewerbsintensität in der *Branche*

Von Nachrichten-Lieferanten zu NewsTech-Plattformen

Wettbewerbsstrategie-Analyse für Nachrichtenagenturen

Elemente der Branchenstruktur	Ausprägung für nationale kooperative Nachrichtenagenturen
Verhandlungsmacht der *Lieferanten* (= v.a. internationale Quellen) gegenüber Agenturen	• Internat. Agenturen als Quellen für nat. Basisdienste: starke Lieferantenrolle durch eingeschränkten Anbieterkreis • Internat. Agenturen im Vertrieb durch nat. Agenturen: partnerschaftliche Lieferantenrolle mit Erlösteilungen (Ausnahme: Direktvertrieb von internat. Agenturmaterial auf nat. Märkten)
Verhandlungsmacht der *Kunden* (= Medien) gegenüber Agenturen	• Medien als Kernkunden und Eigentümer (Identitätsprinzip) = starke Kundenrolle • Hohe Medienkonzentration (große Player mit hohem Klumpenrisiko für Agenturen) = starke Kundenrolle
Bedrohung durch neue *Wettbewerber*	• Hohe Medienkonzentration: Bedrohung durch Insourcing der Agenturleistung • Geografisch oder sprachlich segmentierte Märkte: Bedrohung durch horizontale Spezialagenturen
Bedrohung durch *Ersatzprodukte*	• Fehlende Lizenzierung (Agenturmaterial) • Vertikale Spezialservices wie Bilderdienste • Medienfremde oder mediennahe Player auf Basis zukünftiger AI-Technologien
Neu: Bedrohung durch *globale Plattformen*	Bedrohung durch fehlende Rechteketten und Abgeltung (Kapitalisierung)
Wettbewerbsintensität in der *Branche*	Spezialagenturen

Während die Wettbewerbsintensität auf internationalen Märkten von Nachrichtenagenturen stark ausgeprägt ist, gibt es bei national tätigen Agenturen meist nur eine große Nachrichtenagentur (als Vollagentur, die alle Ressorts abdeckt) pro Land, zumal nationale unabhängige Agenturen im Eigentum von Medien stehen, kooperativ organisiert sind und daher eine weitere Agentur für die Medien als Kunden und Eigentümer aus ökonomischen Gründen naturgemäß nicht zielführend ist. Somit hat das Element Wettbewerbsintensität im Sinne konkurrierender Vollagenturen auf nationalen Agenturmärkten eine eher untergeordnete Rolle, auch wenn in der Gesamtlage von Agenturen die diversifizierten Geschäftsbereiche einem starken Wettbewerb ausgesetzt sind (z.B. Medienbeobachtung, IT-Services) oder Angebote von Spezialagenturen selektive Bereiche abdecken können.

Eine Bedrohung für Nachrichtenagenturen durch direkte Ersatzprodukte ist auf nationalen Agenturmärkten eher die Ausnahme, weil wie beschrieben eine konkurrierende Agentur für die Eigentümer von bestehenden mediengeführten Agenturen nicht zielführend ist. Viel eher liegt die Bedrohung in der nichtlizenzierten Verwendung von Agenturmaterial durch einzelne Medien und noch viel grundlegender durch die großen Plattformen aufgrund fehlender oder nicht exekutierbarer Rechteketten. Das Thema Leistungsschutzrecht ist für Medien und Nachrichtenagenturen zur elementaren Stellgröße in der Finanzierung von Journalismus geworden, weshalb die traditionelle Wettbewerbsanalyse für die Medien- und Agenturbranche um eine eigenständige sechste Dimension der Bedrohung durch globale Plattformen erweitert werden muss. Diese stellt insbesondere für Agenturen im kommerziellen und nichtstaatlichen Geschäftsmodell ein erfolgskritisches Handlungsfeld dar. Im Element der Bedrohung durch Ersatzprodukte können weiters Spezialdienstleister für definierte Bereiche Teile der vollumfänglichen Agenturleistung substituieren (Bilder- und Video-Dienste), vor allem dann, wenn diese Dienstleistungen nichtintegrierter Teil der Basisdienste sind. Völlig offen an dieser Stelle ist, inwieweit bestehende branchenfremde, gänzlich neue oder mediennahe Akteure zukünftig durch den Einsatz neuer AI-Technologien mit geringen Markteintrittsbarrieren eine Bedrohung durch Ersatzprodukte darstellen können. In diesem Zusammenhang ist die Bedrohung durch neue Wettbewerber im bestehenden Markt auf manchen nationalen Agenturmärkten wie in Finnland oder in der Schweiz zu beobachten. Es stellt ein ernsthaftes ökonomisches Risiko für Nachrichtenagenturen dar, wenn große, mitunter fusionierte Medienmarken ein Insourcing der Agenturleistung betreiben und versuchen, selbst einen Agenturdienst für die eigenen Anforderungen aufzubauen und an Dritte zu vermarkten. Diese Versuche enden aber meist nach wenigen Jahren.

Für nationale Agenturen sind im Regelfall die globalen und internationalen Nachrichtenagenturen wie *AP, Reuters, AFP* und *dpa* die Hauptlieferanten für die Auslandsberichterstattung. Eine Bedrohung liegt allenfalls im Direktvertrieb dieser internationalen Quellen an die nationalen Medienmärkte, was mit Blick auf den Aufbau von Vertriebsnetzen wenig effizient scheint. Darüber hinaus haben internationale Agenturen Interesse am Verkauf ihrer Nachrichten an nationale Agenturen als Teile der Basisdienste. Damit hält sich trotz des eingeschränkten Anbieterkreises für unabhängige internationale Agenturquellen eine gute Balance in diesem Markt-Verhältnis.

Die im beschriebenen Medienwandel mit Abstand größten Risiken, aber auch Chancen für Nachrichtenagenturen liegen meines Erachtens in der Achse *Kunden–Lieferanten*. Aus Sicht der Agenturen haben die Medien als Kernkunden und gleichzeitig Eigentümer naturgemäß eine außergewöhnlich starke Kundenstellung gegenüber den Agenturen inne. Agenturen sind – im Perspektivenwechsel der Wettbewerbsstrategie-Analyse – Lieferanten für die Medien. Wie stark können die Agenturen in ihrer Rolle als Lieferanten sein? Das hängt einerseits von der digitalen Transformationskraft der Agenturen selbst und ihres innovativen Angebotes als Lieferanten der Medien ab; andererseits stehen die Medien unter massivem Kosten- und Digitalisierungsdruck. Die Formel lautet: Je weniger offensiv die Agenturen als Lieferanten neue und passende Content-Formate und innovative Digital-Werkzeuge den Medien als Kunden anbieten können, desto schneller stehen die Nachrichtenagenturen unter starkem Preis- und Substitutionsdruck. Die reine Fokussierung auf die klassische Content-Erstellung und auf die traditionelle One-way-Lieferanten-Rolle stellt meines Erachtens die größte Bedrohung für Agenturen dar, gerade in Märkten mit erhöhter Medienkonzentration und dem Ziel von Medien, mit unverwechselbaren, originären Inhalten Conversions von Nutzern in digitale Abonnenten zu erzielen. Nachhaltig erfolgreiche Agenturen müssen damit diese traditionelle Lieferantenrolle stufenweise

»Democracy Dies in Darkness«

weiterentwickeln und mit ihren Services selbst zum (technologisch) integralen Bestandteil der Medienproduktion werden.

Stufe	Content	Auslieferung	Transfer	Beziehung
0	Text, Basisdienste	Agentur-Ticker	One-way	Lieferant
1	Multimediale Basisdienste, Ready-mades	Feed oder Abholung	One-way	Lieferant
2	Datenbasierte multimediale Produktion der Basisdienste	Feed oder Abholung	One-way mit Feedback	Lieferant mit Rückkoppelung
3	NewsTech-Content	Integrierte Produktions- und Distributions-Plattform	Technologischer Multi-Exchange	Plattform

3-Stufen-Modell: digitale Transformation von Nachrichtenagenturen

Die meisten Nachrichtenagenturen agieren bis zum heutigen Tag in ihrer Rolle als Inhalte-Lieferanten an die Medien. Diese Rolle birgt, mit Blick in die Zukunft, ein hohes Risiko für Agenturen, in den transformierten Medienmärkten als »verlängerte Werkbanken« in einen harten Preis- und Substitutionsdruck zu geraten. Agenturinhalte werden im Regelfall per Feed, über eigene Agentur-Plattformen an die Kunden oder direkt in deren Redaktionssysteme ausgeliefert und eingespielt. Agenturinhalte sind eine nach wie vor zentrale Quelle neben mittlerweile einer Reihe von weiteren externen Quellen in den Redaktionssystemen der Medien (beispielsweise Bild- und Video-Datenbanken, strukturierte Social Feeds). Eine wesentliche Zäsur im Agenturjournalismus stellt die datenbasierte Produktion mit Rückschlüssen über die tatsächliche Verwendung des Agenturmaterials in den einzelnen Ausspielkanälen der Medien dar und erlaubt als laufendes Feedback eine allfällige Anpassung der redaktionellen Produktion an die User Needs. Die Agenturen als Lieferanten der Medien erhalten damit nicht nur datengetriebene Werkzeuge zur Optimierung der eigenen Services, sondern die Agenturen bringen sich in die für Lieferanten wichtige und vorteilhafte Lage der empirischen Dokumentation und Legitimation eines nachvollziehbaren Preis-Leistungs-Verhältnisses ihrer entgeltlichen Dienstleistung. Dennoch: In Summe ist der Lieferantenstatus von Agenturen aufgrund der außerordentlich starken Kundenrolle der Medien (Doppelfunktion als Kunden und Eigentümer) das neuralgische Element in der Branchenstrukturanalyse von Nachrichtenagenturen. Dies gilt gerade für Märkte mit hoher Medienkonzentration und verschärften wirtschaftlichen Rahmenbedingungen – im Falle gleichzeitiger Fokussierung der Agenturen auf das reine, traditionelle Inhaltegeschäft und dadurch geringerer Differenzierungsleistung.

Wie können Nachrichtenagenturen ihre Rolle als reine Lieferanten in der digitalen Medienproduktion überwinden und damit den entgeltlichen Bezug ihrer Inhalte strategisch absichern? Meines Erachtens liegt die wesentliche Antwort darin, die Agenturen selbst zu den Produktions-Plattformen der Medien zu machen. Plattformen sind gekennzeichnet durch Nutzer:innen, die Informationen in Plattformen einspielen, Informationen aus Plattformen beziehen und von Mehrwerten durch Skaleneffekte der wachsenden und kommunizierenden Nutzer:innen profitieren. In der digitalen Plattformökonomie sind diese Informationsleistungen datengetrieben und AI-basiert. Im Geschäftsmodell unterscheidet sich eine derartige Agentur-Plattform als Produktions-Plattform der Medien gravierend von globalen Plattformen: Bei kooperativen Agenturen verbleibt jegliche Form der erzielten Wertschöpfung bei den Nutzern beziehungsweise Teilnehmern (Medien). In diesem Modell einer Agentur-Plattform findet weiterhin eine Belieferung der Agenturen mit ihren multimedialen Inhalten an die Medien auf dieser Agentur-Plattform statt, erweitert um eine wesentliche neue Funktion im technologiebasierten Agenturjournalismus: Die Medien spielen auch ihrerseits ihre Inhalte in diese Plattform zur *Content-Technologisierung* ihrer Nachrichten durch die Agenturen ein. Nachrichtenagenturen verfügen über enormes implizites Wissen aus ihrer eigenen redaktionellen Tätigkeit und müssen dieses Wissen als solitäre Intelligenz ihrer Newsrooms für die Medienproduktion zukünftig explizit und damit nutzbar machen.

Das *implizite Wissen* der Agenturen liegt direkt in ihrem Content, der wesentlich mehr beinhaltet als die isolierte Text-, Bild- oder Videonachricht. Jeder dieser Agenturinhalte ist einerseits mit einer Reihe von Metadaten versehen, die über Jahre und Jahrzehnte manuell und intellektuell von Redakteur:innen zur Kategorisierung vergeben wurden und damit einen Goldstandard mit Blick auf die Automatisierung dieser Metadaten-Codierung bilden. Anderseits beinhaltet der Agenturcontent selbst

Entitäten, die von den Agenturredaktionen manuell und intellektuell erfasst, verifiziert und kategorisiert wurden: datenbasierte Entitäten wie Personen, Unternehmen, Organisationen, Orte etc.

Das *explizite Wissen* der Nachrichtenagenturen sind ihre multimedialen Inhalte, ihr implizites Wissen sind die formalen, *externen (Metadaten)* und *internen (Entitäten)* Strukturen dieser Inhalte. Dies bildet den Ausgangspunkt für die zukünftige strategische Positionierung von Nachrichtenagenturen: von außenstehenden Inhalte-Lieferanten an die Medien zu integrierten Produktions-Plattformen der Medien. Nachrichtenagenturen sind seit ihrer Gründung organisatorische Plattformen der Medien. In der Digitalisierung vollzieht sich nunmehr ihre Transformation zu echten Digital-Plattformen der medialen Produktion und Distribution. Plattformen benötigen in der Digitalökonomie drei zentrale, konstituierende Elemente zur Skalierung, die wie folgt auf die neuen Agentur-Plattformen übertragen werden können: Nutzer (= Medienmarkt und weitere Nicht-Medienmärkte wie der professionelle Kommunikationsmarkt), Daten (= Metadaten, Entitäten, Produktionsdaten, Nutzerdaten, Datenjournalismus, *Automated Content*) und künstliche Intelligenz (= *Trusted Artificial Intelligence* als logische Weiterentwicklung vom Trusted-Content-Wertemodell und entsprechend dem strategischen Handlungsfeld *Trust & Verification*).

Die folgenden Beispiele sind bereits existierende und im Einsatz befindliche Einzellösungen, die die neue Rolle von Nachrichtenagenturen als digitale Produktions- und Distributions-Plattformen der Medien konkretisieren und plausibilisieren.

»Democracy Dies in Darkness«

Metadaten-Codierung: Auf Basis der intellektuellen Vergabe von standardisierten *IPTC*-Metadaten für zehntausende Agenturmeldungen (implizites Wissen der Agenturen, Goldstandard) wurde ein Algorithmus (künstliche Intelligenz) zur vollautomatisierten Beschlagwortung von Medieninhalten erstellt (explizit gemachtes Wissen der Agenturen = Daten). Verlage liefern ihren Content über eine Schnittstelle (*API*) in die Systeme der Agentur (Agentur als Plattform: *Input*) und erhalten den mit den automatisiert erstellten Metadaten-Codierungen *technologisierten Content* der Medien effizient und kostengünstig zurückgeliefert (Agentur als Plattform: *Output*). *User Need:* bessere Auffindbarkeit des Medien-Contents durch den User- und Lesermarkt, Erhöhung der User Time durch themenzentrierte und granulare Aufbereitungen sowie Entwicklung von passenden kontextualisierten Werbeformaten (*cookieless*) entlang der zielgruppenorientierten Mediennutzung.

Gesichtserkennung: Auf Basis der intellektuellen Vergabe von Merkmalen zu Bildern von Personen öffentlichen Interesses in den Bilddatenbanken der Agentur und deren Partneragenturen (implizites Wissen der Agenturen, Goldstandard) sowie durch den Einsatz von Algorithmen in der Bildsuche (künstliche Intelligenz) wurde ein AI-Service zur vollautomatisierten Suche, Erkennung und Beschlagwortung von Bilddatenbanken der Medien erstellt (explizit gemachtes Wissen der Agenturen = Daten). Medienredaktionen liefern ihren gesamten Bild-Content über eine Schnittstelle (*API*) in die Systeme der Agentur (Agentur als Plattform: *Input*) und erhalten die automatisiert erkannten und kategorisierten Bilder als *technologisierten Content* der Medien effizient und kostengünstig zurückgeliefert (Agentur als Plattform: *Output).* *User Need:* bessere Auffindbarkeit des oftmals dezentral gespeicherten Bild-Contents der Medien, laufende Aktualisierungen des Bildmaterials ohne Personalaufwand, themenzentrierte und personalisierte visuelle Medieninhalte, Einsatz des AI-Bild-Services auch für die gesamte Bewegtbild-Produktion von Medien, automatisiertes Erkennen von Personen öffentlichen Interesses in Nachrichten-Videos.

Content Recommendation: Auf Basis der intellektuellen Vergabe von Metadaten und Entitäten-Kategorisierungen von Agenturnachrichten (implizites Wissen der Agenturen) wurde ein Algorithmus (künstliche Intelligenz) entwickelt, der Medien-Content in Textform mit verfügbarem, passendem Videomaterial der Nachrichtenagenturen oder anderen Video-Quellen durch AI-basierte *Speech2Text*-Services abgleicht und das Videomaterial datenbasiert automatisiert zu den Textnachrichten auf den Onlineportalen der Medien einbindet (explizit gemachtes Wissen der Agenturen = Daten). Medien-Redaktionen liefern ihre Textnachrichten via *API* in die Systeme der Agentur (Agentur als Plattform: *Input)* und erhalten die mit passenden Videos angereicherten Textnachrichten als *technologisierten Content* mit direkter und vollautomatisierter Einbindung auf den Onlineportalen zurückgeliefert (Agentur als Plattform: *Output). User Need:* Bereitstellung von Bewegtbild-Inhalten zu Textnachrichten, Pre-Roll-Werbevermarktung der Videos, kostengünstige und effiziente Einbindung von Videos ohne zusätzlichen Personalaufwand, Erhöhung der User Time durch Nachrichtenvideos, Ansprache neuer Zielgruppen durch *visuellen* Content.

Automated Content on demand: Auf Basis der Ergebnisse von automatisierten Analysen der Nutzung von Medieninhalten auf Onlineportalen werden automatisierte, zielgruppenspezifische Inhalte von den Nachrichtenagenturen erstellt. Nachrichtenagenturen verfügen über strukturierte Daten zu unterschiedlichen Themenbereichen (implizites Wissen der Agenturen), die durch Sprach-Algorithmen (künstliche Intelligenz, *NLP-Templating*) zu Textnachrichten verarbeitet werden (explizit gemachtes Wissen der Agenturen). Medien liefern die strukturierten Nutzungsanalysen ihrer Nachrichten auf ihren Onlineportalen in die Systeme der Agentur (Agentur als Plattform: *Input*) und erhalten via Schnittstelle *(API)* automatisiert erstellte Texte zu den aus der Nutzungsanalyse korrelierenden Themenfeldern on demand zurückgeliefert, beispielsweise zu Klima-Berichterstattung (Agentur als Plattform: *Output*). *User Need:* zusätzlicher, kostengünstiger Content ohne Personalaufwand, zielgruppenspezifischer Content on demand auf Basis von Nutzungsanalysen, *Search Engine Optimization (SEO)* durch neue Content-Pakete.

Social-Network-Kommunikation: Ein Beispiel zur Erschließung neuer Nutzer:innen und Teilnehmer:innen in der Agentur-Plattform aus dem Nicht-Medienmarkt, nämlich dem Kommunikationsmarkt, ist die automatisierte Konvertierung von Presseaussendungen in die Formate und Sprache der Social Networks. Kommunikator:innen liefern ihre Presseaussendungen in die Systeme der Agentur (Agentur als Plattform: *Input*) und erhalten auf Basis von Algorithmen (künstliche Intelligenz, *ChatGPT*) diese Presseaussendungen in den spezifischen Aufbereitungs- und Sprachformaten für Social Networks (Tweets, Posts etc.) automatisiert zurückgeliefert (Agentur als Plattform: *Output*). Agenturen und ihre Tochterunternehmen verfügen für das Verbreiten von Presseinformationen über Millionen von Presseaussendungen (implizites Wissen), die als Grundlage für das Training der künstlichen Intelligenz im Kommunikationsmarkt verwendet werden (explizit gemachtes Wissen der Agenturen). *User Need:* kostengünstige und effiziente Aufbereitung von Presseaussendungen für die Kommunikation in unterschiedlichen Social Networks ohne zusätzlichen Personalaufwand, Erhöhung des Wirkungsgrads der Kommunikation.

Alle genannten Beispiele sind seit wenigen Monaten bei der *Austria Presse Agentur* im Einsatz. Sie bilden die ersten realen Bausteine für die laufende Entwicklung der Agentur vom multimedialen Inhalte-Lieferanten zur digitalen Produktions- und Distributions-Plattform der Medien. Sie stehen für die ultimative Form der digitalen und technologischen Interpretation des kooperativen Grundauftrags. Der nächste Schritt liegt in der strukturierten Integration dieser einzelnen Bausteine als technische Basisinfrastruktur in eine zentrale Agentur-Plattform. Die Bausteine sind flexible Module mit starker Rechenzentrumsleistung. Weitere Schritte sind die Entwicklung neuer Anwendungen entlang der Anforderungen seitens der Medien und im fortschreitenden Erschließen von Nicht-Medienmärkten (Kommunikation, IT). Ziel ist die Erweiterung der Nutzer:innen und Teilnehmer:innen der Agentur-Plattform.

FQN

12. FQNTM
Bauplan des Newsrooms der Zukunft

Die beschriebene notwendige Weiterentwicklung der traditionellen Lieferantenrolle von Nachrichtenagenturen in eine zukünftige, vielversprechende Funktion als integrierte Plattform für die Medienproduktion erfordert die Etablierung eines neuen Strategiemodells für Nachrichtenagenturen in der digitalen Plattformökonomie, das ich *FQ NewsTech Matrix* nenne. Der Bauplan für dieses neue Strategie- und Plattform-Modell wird im Wesentlichen von zwei Einflussgrößen determiniert: dem *Digitalisierungsgrad der Produkte* und dem *Reifegrad des Ökosystems*.

Der Digitalisierungsgrad der Agentur-Produkte beinhaltet drei hierarchische Dimensionen: *Multimedialität* der Basisdienste als explizites Wissen der Agenturen (1), *Daten* (Metadaten und Entitäten) als implizites Wissen der Agenturen (2), das durch *Algorithmen* (künstliche Intelligenz) für die Medienproduktion explizit gemacht werden kann (3).

»Democracy Dies in Darkness«

Der Reifegrad des kooperativen Ökosystems wird zweistufig bemessen: *quantitativ* durch die Anzahl der Nutzer:innen und Teilnehmer:innen der Agenturplattform (1) und *qualitativ* durch die Integrationstiefe der Agenturplattform in die Medienproduktion (2).

Die *FQ NewsTech Matrix* dient als Strategie-Instrument zur Identifikation der *funktionalen* (Digitalisierungsgrad) und *integrativen* (Reifegrad) Verankerung von Nachrichtenagenturen in ihrem digitalen Ökosystem. Die Positionierung in den vier Quadranten *(FQ)* ermöglicht dementsprechende strategische Ableitungen.

Multimedial angereicherte Services mit schwachem Agentur-System: Eine geringe Ausprägung in den beiden Dimensionen *Funktionalität* und *Integration* erfordert das stufenweise Erschließen von neuen Kunden in bestehenden Märkten (Medien) und neuen Märkten (PR und Kommunikation) sowie die Nutzbarmachung des impliziten Wissens im bestehenden multimedialen Agentur-Content (Metadaten, Entitäten, Konzepte) durch künstliche Intelligenz.

Funktionales Agentur-System: Eine geringe Integration im Ökosystem bei einer gleichzeitig hohen Content-Technologisierung erfordert marktseitige Maßnahmen zur Erhöhung des Teilnehmerkreises.

Integriertes Agentur-System: Eine geringe digitale Funktionalität bei einer gleichzeitig starken Integration im Ökosystem erfordert produktseitige Maßnahmen zur Erhöhung der Content-Technologisierung.

Funktional integriertes Agentur-Ökosystem: Durch einen hohen Digitalisierungsgrad der Content-Technologisierung und einen hohen Reifegrad des integrierten Ökosystems entsteht durch die Öffnung aller teilnehmenden

Neues Strategiemodell: FQ NewsTech Matrix

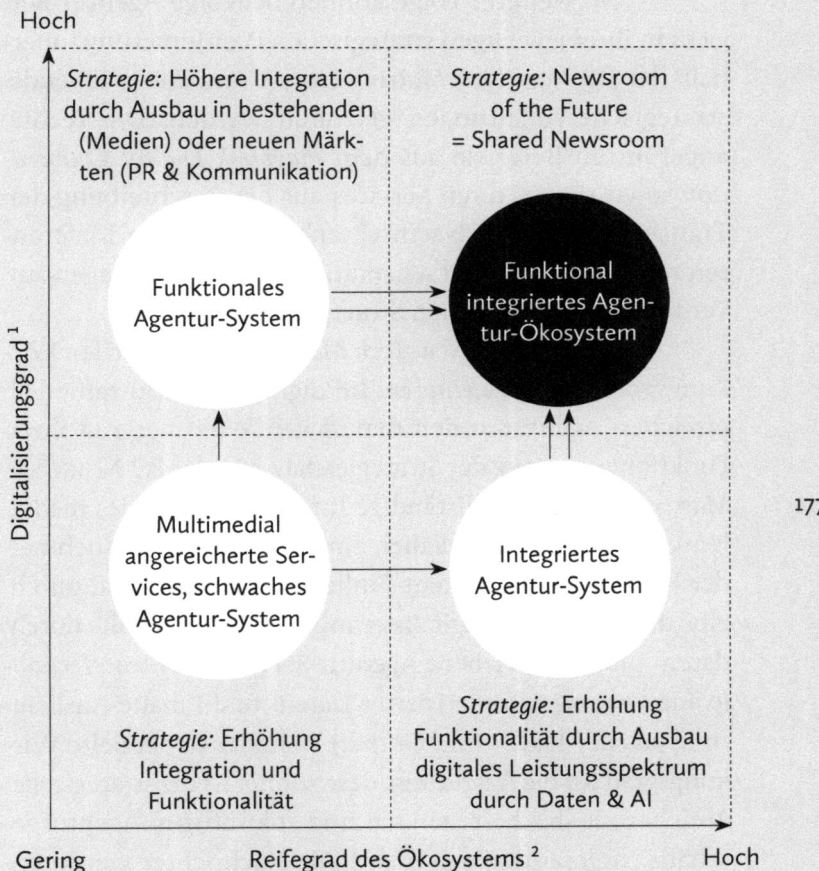

1 Digitalisierungsgrad redaktioneller Agentur-Produkte (*Funktionalität*)
2 Reifegrad des kooperativen Agentur-Ökosystems (*Integration*)

Teils basierend auf: Balk, Anselm; Brazda, Johann: Die neuen digitalen Genossenschaften. Cooperativ 3/2021a, S. 28–33 und Servatius, Hans-Gerd: Plattform-basierte digitale Ökosysteme als Chance für Hidden Champions. Competivation, go.apa.at/ZUJoMjkv (30.1.2015).

»Democracy Dies in Darkness«

Medien (Plattform: Input, Output) der idealtypische *Agentur-Newsroom der Zukunft*.

In weiterer Folge können beliebige Agentur-Services in ihrer jeweiligen strategischen Positionierung innerhalb der *FQ NewsTech Matrix* verortet und entsprechende strategische Ableitungen getroffen werden. Die rechts angeführten Beispiele aus dem *Playbook Digital Cooperation* sowie die weiteren Services aus der Beschreibung der Transformation von Nachrichtenagenturen von Lieferanten zu Plattformen sind schematische Positionierungen zur Verdeutlichung des neuen Strategiemodells.

Mit der *FQ NewsTech Matrix* zum maximalen Wirkungsgrad für die *Agenturen:* Im digitalen Plattformmodell erreichen Agenturen den maximalen Wirkungsgrad ihrer Funktionen entlang der Strategieanalyse in der *FQ NewsTech Matrix* durch eine vollständige Integrationstiefe des medialen Ökosystems (alle Medien sind Nutzer und Teilnehmer der Plattform mit Content-Einlieferung = *Input*) und durch eine durchgehende Digitalisierung der Medieninhalte durch daten- und AI-getriebene Agentur-Services (*Content-Technologisierung* mit automatisierter Daten- und Inhalte-Auslieferung aus der Plattform = *Output*). Je höher der erzielte Wirkungsgrad für die Agenturen, desto höher ist die strategische Absicherung des bestehenden und zukünftigen Agenturgeschäfts insgesamt. Noch mehr: Die Nachrichtenagenturen werden zum echten Enabler der digitalen Transformation der Medien- und Kommunikationsbranche. Damit geht Hand in Hand, dass dieses Plattformmodell neue Erlösquellen für die Agenturen ermöglicht, da neben dem eigentlichen Agentur-Content (*explizites Wissen*) auch das *implizite Wissen* der Agenturen (Metadaten, Entitäten, AI-Services) kapitalisiert

Strategische Positionierungen in der FQ NewsTech Matrix

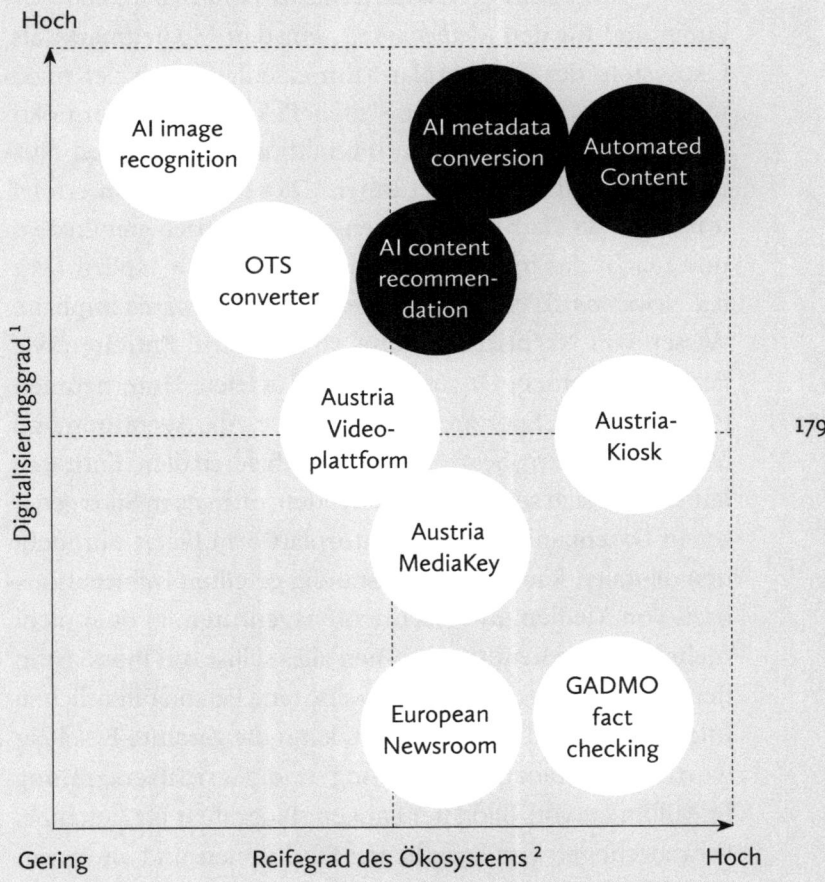

1 Digitalisierungsgrad redaktioneller Agentur-Produkte (*Funktionalität*)
2 Reifegrad des kooperativen Agentur-Ökosystems (*Integration*)

»Democracy Dies in Darkness«

werden kann und muss. Diese Kapitalisierung setzt neue Geschäftsmodelle der Agenturen voraus, nämlich die technologische Abwicklung und die entgeltliche Bepreisung der Datenintelligenz der Agenturen (*API-Geschäftsmodell*).

Mit der *FQ NewsTech Matrix* zum maximalen Wirkungsgrad für den *Medienmarkt*: Für den Medienmarkt als Ökosystem der Agenturplattform erschließt sich der maximale Nutzen im Sinne der Skaleneffekte der Plattformökonomie durch eine laufende Interaktion zwischen den Nutzer:innen und Teilnehmer:innen. Diese Interaktion erfolgt innerhalb der Plattform als daten- und AI-getriebener Prozess und macht das implizite Wissen aller Medien explizit (*Shared Newsrooms*). Wie beschrieben, sind das *interne* implizite Wissen von Nachrichten-Items strukturierte Entitäten wie Personen, Namen, Organisationen, Parteien, Unternehmen, Politiker:innen, Sportler:innen, Orte etc. Alle Agenturen und Medien speichern, bearbeiten und verifizieren diese Entitäten laufend für sich selbst in umfassenden, oftmals in Silos gehaltenen Datenbanken. Die Agenturplattform bietet nunmehr den digitalen Raum einer vollständig geteilten Informationsbasis von Medien und Nachrichtenagenturen, in dem nicht mehr jedes Medienunternehmen alles selbst tun muss: Ist in der Agenturplattform beispielsweise eine Person öffentlichen Interesses einmal klar verifiziert, kann die gesamte Beschlagwortung, Metadaten-Codierung und Gesichtserkennung in Millionen von Bilddatenbanken, Biografien etc. auch bei Veränderungen von beruflichen Funktionen und alterierenden Schreibweisen dieser Person von allen teilnehmenden Medien automatisiert genutzt werden. Dasselbe gilt für alle Entitäten wie Organisationen, Unternehmen und Orte. Auf Basis der verifizierten Entitäten und faktenbasierten Informationen kann künstliche Intelligenz in der Agenturplattform laufend befüllt, trainiert und genutzt werden. Das spart einerseits enorme Ressourcen in der journalistischen Produktion der Medien, da alle Teilnehmer:innen von der einmaligen Verifikation der Entitäten und ihrer dezidierten digitalen Zuordnung profitieren. Sind genügend Entitäten verifiziert, kann generative AI andererseits ihre volle Stärke in unterschiedlichsten Anwendungen ausspielen, aber immer im kontrollierten Rahmen mit faktenbasierten Informationen. Dadurch entstehen neue Geschäftsmodelle und Services der Agenturen und Medien: zielgruppenorientiert, themenfokussiert, datengetrieben und formatangepasst. Viele dieser zukünftigen themen- und zielgruppenspezifischen Inhalte und Services können derzeit gar nicht oder nur schwer bedient werden, schlichtweg weil die journalistische Produktion dafür zu teuer ist. AI-Lösungen – eingebettet in das faktenbasierte und sichere Umfeld von Qualitätsjournalismus – können diesen Content mit niedrigen Erstellungskosten herstellen (helfen). Das bringt viele neue Möglichkeiten im Bereich Content-Automation – Produkte und Leistungen, die wir uns heute noch nicht abschließend vorstellen können.

Die *FQ NewsTech Matrix* legt als Strategietool den Weg der Nachrichtenagenturen von Lieferanten der Medien hin zu Plattformen der Medienproduktion in ihren jeweiligen Märkten und digitalen Ökosystemen offen. Wesentliches Momentum ist die technologische Kapitalisierung der enormen Intelligenz der Agentur-Newsrooms in Form ihres *impliziten Wissens,* das durch den Einsatz künstlicher Intelligenz in *explizites* und damit *teil- und nutzbares Wissen* transformiert werden kann. Der faktenbasierte Agenturjournalismus bietet dafür den *zuverlässigen Ordnungsrahmen* des Agentur-Ökosystems.

»Democracy Dies in Darkness«

182

13. Vision »European NewsTech Alliance«
Agentur-Ökosystem der Demokratie

Das digitale Ökosystem der Nachrichtenagenturen ist einzigartig: Durch die Wertemodelle von *Trusted Content* und *Trusted AI* produziert dieses Ökosystem faktenbasierte Nachrichten auf Basis verifizierter Informationen.

Das digitale Ökosystem der Nachrichtenagenturen ist dadurch im kooperativen oder genossenschaftlichen Betriebsmodell nicht nur ein *demokratisches Ökosystem*, sondern ein *Ökosystem der Demokratie*.

Die Teilnehmer und Mitglieder dieses Ökosystems agieren als Angestellte der europäischen Demokratie, da dieses Ökosystem als vierte Säule der Demokratie verifizierte Informationen und zuverlässige Nachrichten schafft. Kurzum: Dieses Ökosystem produziert geprüfte Fakten. Diese dienen als umfassender Input für ausgewogene gesellschaftliche Diskurse und als sachliche Entscheidungsgrundlage in der demokratischen Meinungsbildung der europäischen Bürger:innen.

»Democracy Dies in Darkness«

Vision »European NewsTech Alliance«

Die Mitglieder dieses Ökosystems sind eine der verlässlichsten und wichtigsten Angestellten der europäischen Demokratie. Denn dieses Ökosystem produziert täglich, stündlich, minütlich faktenbasierte Nachrichten in allen multimedialen Formaten für die europäische digitale Informationsgesellschaft.

Das digitale Ökosystem der Nachrichtenagenturen leistet damit Widerstand gegen Desinformation, gegen Fake News und gegen staatliche Propagandamaschinerien.

Das digitale Ökosystem der Nachrichtenagenturen steht massiv unter Druck: wirtschaftlich und technologisch durch die Übermacht der *GAFA*-Plattformen und einhergehende Polarisierungen und Vertrauensverluste aus den sozialen Netzwerken.

Das digitale Ökosystem der unabhängigen Nachrichtenagenturen ist frei, weil dieses Ökosystem aus sich selbst heraus *Public Value* herstellt und finanziert.

Das digitale Ökosystem der Nachrichtenagenturen muss sich zukünftig europaweit in Kooperation organisieren, um dem wirtschaftlichen Druck, den technologischen Herausforderungen und den massiven Veränderungen in der Mediennutzung der digitalen (Des-)Informationsgesellschaft standzuhalten und neue Antworten im Schulterschluss entgegenzusetzen.

Das digitale Ökosystem der Nachrichtenagenturen benötigt als kooperative Infrastruktur eine europäische Technologie-Plattform mit offenen Schnittstellen, um die enorme intellektuelle Intelligenz der europäischen Newsrooms in Form des umfassenden impliziten Wissens der Redaktionen (Daten, Entitäten, Konzepte) teilbar, nutzbar und durch den kontrollierten und verantwortungsvollen

Einsatz von künstlicher Intelligenz für die Medienproduktion skalierbar zu machen. Das digitale Ökosystem der Nachrichtenagenturen schafft in dieser offenen europäischen Technologie-Plattform im gelernten Modell des *Free Flow of Information* einen europäischen Wissensraum, in dem kollaborativ auf Basis verifizierter Informationen und faktenbasierter Nachrichten AI umfassend trainiert wird. Dies schafft neue Services und Geschäftsmodelle zur wirtschaftlichen Stärkung des Ökosystems und zur Entwicklung neuer IT-Anwendungen. Das ermöglicht die Identifikation und Vermeidung von Desinformation und Fake News in Europa.

Der *Free Flow of Information* als Nachrichtenaustausch zwischen nationalen und internationalen Nachrichtenagenturen stellt das wohl typischste Merkmal des Agenturgeschäfts dar und ist seit über 150 Jahren ein gelerntes und funktionierendes Modell. Die technologischen Revolutionen des Fernschreibers, der Satellitenkommunikation, des Internets und der generativen AI wurden und werden von disruptiven Veränderungen in der Mediennutzung der digitalen Informationsgesellschaft begleitet, die auch unmittelbar das Geschäftsmodell von Nachrichtenagenturen determinieren. Neben den wirtschaftlichen Herausforderungen bestimmen die Phänomene der Desinformation in den digitalen Räumen mit direkter Rückkoppelung auf Politik und Medien zunehmend das Wesen von Nachrichtenagenturen: Fact Checking hat sich als notwendige eigenständige, redaktionelle Disziplin in vielen europäischen Agentur-Newsrooms etabliert und bildet im Kontext einer zuverlässigen und faktenbasierten Agentur-Berichterstattung eine neue, abgegrenzte redaktionelle Funktion im

»Democracy Dies in Darkness«

Vision »European NewsTech Alliance«

European NewsTech Alliance: Kollaborativer NewsTech Hub für Trusted Content und Trusted AI

European NewsTech Alliance:
Faktenbasiertes Agentur-
Ökosystem in der digitalen
Informationsgesellschaft

Kollaborativer NewsTech Hub
für Trusted Content und
Trusted AI in Europa

Input:
Implizites
Wissen = veri-
fizierte Daten
und Informa-
tionen aus der
intellektuellen
Intelligenz der
Agenturen
(Metadaten,
Entitäten,
Konzepte)

Output:
Explizites
Wissen =
neue fak-
tenbasierte
Services und
Geschäftsmo-
delle durch
gemeinsam
trainierte
künstliche
Intelligenz

Agentur als *Produktions-*
Plattform der Medien

»Content-Technologisierung«
für integrierte Medienproduktion

Agentur als *Projekt-Plattform*
der Medien

Erweiterter Grundauftrag
für medienübergreifende Digital-Services

Agentur als *Eigentümer-Plattform*
der Medien

Klassischer Grundauftrag (Basisdienste)
mit multimedialer Entwicklung

Agenturjournalismus. Der nächste logische Schritt ist ein weiteres Hochfahren von Maßnahmen zur Identifikation von Desinformation einerseits und zur Authentifizierung von zuverlässigen, faktenbasierten Informationen andererseits. Dies ist gerade mit Blick auf die in jeder Hinsicht revolutionären Möglichkeiten von generativer AI, die bei Fotos, Bildern und Videos nicht mehr zwischen Fakt und Fake unterscheiden lassen werden, in Zukunft unabdingbar. Damit einher geht auch die Frage, wie authentifizierter Content als Grundlage zur Einhaltung von durchgängigen digitalen Rechteketten bis zur Verwendung von Agentur- und Medien-Content für AI-Lösungen zur entgeltlichen Verwertung aussehen muss. Ich habe die Vision eines *Blockchain*-basierten *Content-Markers,* der bis zurück zur Ausgangsquelle Content zuordenbar, damit verifizierbar und entgeltlich verwertbar macht. Ich habe die Vision einer App, die mit diesem solitären Marker versehene Bilder und Videos erkennt und damit *gute* Quellen als transparent einordnet sowie *schlechte* Quellen gar als Fake identifiziert. Ich habe die Vision, dass diese Technologien von uns Medien und Nachrichtenagenturen selbst kommen oder eigenständig betrieben werden, weil sie die perfekten Line Extensions unserer Markenwelt – der redaktionellen Überprüfung und Einordnung – repräsentieren und eine glaubwürdige, technologische Interpretation unseres Wertemodells *Trust and Verification* in der digitalen Transformation bedeuten. Ich habe die Vision, dass wir das enorme implizite und gespeicherte Wissen unserer Redaktionen als den besten und wichtigsten Rohstoff betrachten, den ein digitales Ökosystem haben kann, und dass wir diesen fluiden Rohstoff kollaborativ verwertbar machen. Wir trainieren damit

Vision »European NewsTech Alliance«

künstliche Intelligenz mit verifizierten Informationen für unsere Anforderungen– und schaffen echtes Wissen in neuen Anwendungen. Ich habe die Vision, dass dadurch eine gemeinsame verifizierte Daten- und Informationsbasis als Ausgangspunkt für neue faktenbasierte Content-Angebote entsteht, die hochgradig individualisierbar und in der Folge stark für den Leser- und Werbemarkt adressierbar ist. Ich habe die Vision, dass dadurch neue digital-journalistische Berufsbilder und neue Jobs in den Newsrooms entstehen. Ich habe die Vision einer europäischen *NewsTech Alliance* der Nachrichtenagenturen als Leuchtturm des faktenbasierten *Free Flow of Information* in Europa.

Der Bauplan dieser *European NewsTech Alliance* beruht auf dem Strategiemodell der *FQ NewsTech Matrix* und hebt das Konzept von Nachrichtenagenturen als Produktions-Plattformen der Medien von nationaler auf europäische Ebene. So entsteht eine Plattform als kollaborativer *NewsTech Hub* der jeweiligen Nachrichtenagenturen (und Medien). Die *European NewsTech Alliance* produziert keine gemeinsamen einheitlichen Inhalte, sondern schafft die formale, datenbasierte Grundlage für zusätzliche, faktenbasierte Inhalte und Digital-Services der jeweiligen Agenturen, indem verifizierte Daten und Informationen aus der redaktionellen Intelligenz der Newsrooms *(Input)* geteilt und dadurch großflächiges, gemeinsames Training von künstlicher Intelligenz möglich wird *(Output)*. Die redaktionelle Verarbeitung des technologischen Outputs erfolgt in den jeweiligen Nachrichtenagenturen. Erst die gemeinsame Daten- und Technologiebasis kann die Grundlage für die Umsetzung der Vision einer europäischen Content-Authentifizierung von faktenbasierten Inhalten sein. Ebenso wird die Erforschung, Entwicklung und Anwendung von digitalen Werkzeugen zur Identifikation von Desinformation nur im europäischen Schulterschluss jener Organisationen glaubwürdig entstehen und betrieben werden können, die unabhängigen Qualitätsjournalismus zum Inhalt ihres Geschäfts haben: faktenbasierte Medien und Nachrichtenagenturen.

Die Idee der *European NewsTech Alliance* greift eine simple Logik auf: Plattform-Technologien haben das Mediennutzungsverhalten massiv verändert und die Phänomene von Desinformation in den digitalen Räumen groß werden lassen. Damit bedarf es wiederum neuer Plattform-Technologien, um diesen Phänomenen entgegenzuwirken und neue Antworten und Werkzeuge zu geben. Diese neuen Plattform-Technologien müssen jetzt zwingend von uns Qualitäts-Medien und -Agenturen im Schulterschluss aufgebaut und betrieben werden: in genossenschaftlicher Eigentümerschaft, in autonomer Steuerung und Kontrolle und im Open-Source-Modus für die Mitglieder der Plattform.

Die Wa(h)re Nachricht hat eine spannende und wichtige Zukunft in der digitalen (Des-)Informationsgesellschaft.

»Democracy Dies in Darkness«

Zum Buchtitel
»*Democracy Dies in Darkness*«

Der Titel dieses Buches »Democracy Dies in Darkness« ist von der traditionsreichen *Washington Post* entlehnt, die diesen Slogan seit Februar 2017 unter ihrem Logo trägt. Die Formel »Democracy Dies in Darkness« geht auf den legendären Watergate-Aufdecker und *Washington-Post*-Journalisten Bob Woodward zurück, der seinerseits die Formulierung – in leicht abgewandelter Form – einem US-Bezirksrichter zuschreibt.

Mir scheint dieser Slogan der *Washington Post* mit Blick auf die Welt der Nachrichtenagenturen im Zusammenhang mit dem beschriebenen jähen Ende der *Hellcommune* zu Beginn des Jahres 1940 sehr trefflich. Die redaktionelle und technologische Kooperation von unabhängigen nationalen Agenturen Europas während des Zweiten Weltkriegs stellt für mich den mutigsten und faszinierendsten Abschnitt in der europäischen Agentur-Historie des 20. Jahrhunderts dar:

Zum Buchtitel

Ab dem Jahr 1938 wurde der Einfluss der Regierungen auf die damals dominierenden Welt-Agenturen immer stärker, deren Berichterstattung in der Folge zunehmend propagandistischer, einseitiger und parteiischer wurde. 1939 kam es dann zur Gründung der *Hellcommune* als Vorläuferin der *Gruppe 39* als Vereinigung der unabhängigen europäischen Nachrichtenagenturen – auf Initiative der holländischen Nachrichtenagentur gemeinsam mit den nordischen, der Schweizer und den Benelux-Agenturen. Das Ziel war die Verbreitung unparteiischer Nachrichten aus den genannten Ländern mittels der revolutionären Technologie des *Hellschreibers* in Kombination mit Langwellenfunk. Am 23. November 1939 wurde die Nachrichtenverbreitung durch die *Hellcommune* mittels Großsendeanlage Radio Kootwijk (nahe Amsterdam) aufgenommen. Nach der Besetzung des Senders durch die deutsche Wehrmacht im Februar 1940 – also nur rund hundert Tage nach Beginn des Nachrichtenaustauschs der freien Agenturen – erfolgte die erzwungene Sprengung der Sendeanlagen durch deutsche Truppen: »Democracy Dies in Darkness«.

True and Unbiased News

»(...) the highest original moral concept ever developed in America and given the world«. So beschreibt der damalige Executive Director der nordamerikanischen *AP*, Kent Cooper, das Prinzip von *True and Unbiased News*, prominent platziert in seinem Buch »Barriers Down« (1942), das nur zwei Jahre nach der Sprengung von Radio Kootwijk erscheint. *Cooper*, dafür bekannt, dass er die *AP* dank seiner technologischen und publizistischen Innovationen zu einer der international größten und einflussreichsten Nachrichtenagenturen machte, war ein vehementer Verfechter wahrheitsgetreuer Berichterstattung. Er prägte den Begriff *True and Unbiased News* nachhaltig. Vor dem Hintergrund des Zweiten Weltkriegs sowie der damaligen Monopolstellung der drei Nachrichtenagenturen *Havas* (Frankreich), *Reuters* (UK) und *Wolff* (Deutschland) setzte sich *Cooper* gegen propagandistische Einflüsse und Missbrauch der Medien und für faktenbasierte Berichterstattung zur Stärkung der Demokratie ein. Die Zentralstellung einer freien Presse als demokratisches Grundprinzip und Grundrecht der Gesellschaft legte er auch in Publikationen wie »The Right to Know« (1956) dar.

Nach Ende des Zweiten Weltkriegs wurde der 1938 aus Österreich emigrierte *Alfred Geiringer* in seiner Funktion als European Editor von Reuters 1945 zurück nach Wien entsandt, mit dem Ziel, das Grundsatzprogramm der *True and Unbiased News* auch in Österreich umzusetzen. *Geiringer* war als Gründervater maßgeblich daran beteiligt, die *Austria Presse Agentur* 1946 als nunmehr unabhängige, genossenschaftlich organisierte Nachrichtenagentur zu begründen. Paten für diese Gründung waren die angelsächsischen Agenturen *AP* mit *Cooper* als Executive Director sowie Reuters mit *Geiringer* als *European Editor*. Das Ziel: *True and Unbiased News.*

Der Autor

Clemens Pig ist geschäftsführender Vorstand der *APA – Austria Presse Agentur* (Wien) und Verwaltungsratsvizepräsident der Schweizer Nachrichtenagentur *Keystone-SDA* (Bern). Er ist Präsident der *EANA – European Alliance of News Agencies* und des *ÖGV – Österreichischer Genossenschaftsverband.*

Pig promovierte 2012 an der Universität Innsbruck über internationale politische Kommunikation in der Digitalisierung und ist Autor zahlreicher Beiträge zu Politik und Medien. Er ist Mitgründer des Start-ups *MediaWatch Institut für Medienanalysen* (1996) und wechselte nach erfolgreichem Verkauf der *MediaWatch* an die *APA* in die österreichische Nachrichtenagenturgruppe (2008).

Pig wurde mit dem *Wissenschaftspreis für Public Relations* ausgezeichnet (2013) und zum *Medienmanager des Jahres* (2018) sowie zum *Kommunikator des Jahres*

»Democracy Dies in Darkness«

Der Autor

(2021, 2023) gewählt. Zu seinen unternehmerischen und wissenschaftlichen Schwerpunkten zählen die digitale Transformation und das Innovationsmanagement im Agenturjournalismus sowie die strategische Geschäftsfeldentwicklung von Nachrichtenagenturen in der kooperativen Medienökonomie.

Clemens Pig (Jahrgang 1974) ist verheiratet und Vater von drei erwachsenen Töchtern. Der gebürtige Tiroler lebt in Klosterneuburg bei Wien.

»Democracy Dies in Darkness«

Anhang: News Agency Business – 10 Learnings

1 Wertemodell
True and Unbiased News
Nachrichtenagenturen sind eine spezifische Mediengattung im Kommunikationssystem. Ihre redaktionelle Unabhängigkeit lässt sich am besten durch wirtschaftliche Stärke und Profitabilität durch Diversifikation in neue, generische Geschäftsfelder herstellen.

2 Geschäftsmodell
Finanzierung aus eigener Kraft
Der hohe Wert des Vertrauens durch faktenbasierte und ausgewogene Agenturberichterstattung hat seinen Preis. Nachrichtenagenturen sind dem Paid-Content-Modell und der durchgängigen Einhaltung der Rechteketten im digitalen Raum verpflichtet.

3 Redaktionelles Modell
Goldstandard »Check, Re-Check, Double-Check«
Unabhängiger Agenturjournalismus arbeitet auf Basis professioneller journalistischer Kriterien und Standards mit dem Ziel der Produktion von faktenbasierten, ausgewogenen und zuverlässigen Nachrichten. Fact Checking als eigenständige redaktionelle Disziplin erweitert dieses redaktionelle Grundmodell.

News Agency Business
10 Learnings

4 Betriebsmodell
Digital Cooperatives
Nachrichtenagenturen sind am Medien- und Kommunikationsmarkt eine neutrale Instanz und stellen Win-win-Lösungen für alle teilnehmenden Partner her. In diesem Sinne agieren sie nach dem genossenschaftlichen Prinzip als Digital Cooperatives und stärken als Nachrichten- und Informationsmarktplatz mit transparenten und fairen Spielregeln die Wertschöpfung ihrer Mitglieder, Kunden und Eigentümer.

5 Innovationsmodell
Enabler der digitalen Transformation
Nachrichtenagenturen sind aktive Partner und Enabler im digitalen Medienwandel. Sie unterliegen daher als gesamte Organisation einem laufenden Innovationsprozess entlang der digitalen Anforderungen. Das betrifft insbesondere die Entwicklung neuer Skills und Berufsbilder sowie das Arbeiten entlang effizienter und agiler Geschäfts-, Produktions- und Kundenprozesse mit höchstmöglicher Automatisierung.

»Democracy Dies in Darkness«

6 NewsTech-Modell
Technologische Interpretation des Grundauftrags

Nachrichtenagenturen interpretieren ihren Grundauftrag in der Digitalisierung nicht nur redaktionell, sondern auch technologisch. Agenturinhalte werden datenorientiert in unterschiedlichen Formaten für unterschiedliche Kanäle mit den jeweils passenden Technologien und Metadaten produziert, verknüpft und distribuiert.

7 Kollaborationsmodell
Neue Plattformökonomie

Nachrichtenagenturen tauschen traditionell ihre jeweiligen Nachrichtenbasisdienste untereinander aus (Free Flow of Information). Sie werden zukünftig zur Stärkung ihrer Angebote in einem wirtschaftlich schwierigen Umfeld noch wesentlich enger zusammenarbeiten, insbesondere im Bereich Technologie. Zudem werden Agenturen zunehmend die Rolle von organisatorischen und technischen Plattformen zur Herstellung von medienübergreifenden Branchenlösungen einnehmen.

8 Dialogmodell
Allianz der Agenturen

Es ist die Aufgabe von unabhängigen Nachrichtenagenturen, ihr Wertemodell der redaktionellen Unabhängigkeit (basierend auf Finanzierung aus eigener Kraft) zur Stärkung der Medien- und Pressefreiheit insgesamt im Dialog mit allen Nachrichtenagenturen zu vermitteln, aber auch im Diskurs mit ihren Stakeholdern wie der Europäischen Union die Rechtewahrung im digitalen Raum als Allianz einzufordern.

9 Member-Value-Modell
Mehr als Shareholder

Unabhängige Nachrichtenagenturen erwirtschaften für ihre Eigentümer nicht nur Gewinne, sondern eine Reihe weiterer Values wie beispielsweise Innovationsdividenden durch laufende Produktentwicklungen und Shared Services. Shareholder von privaten Agenturen kommen damit in den Genuss umfassender Member Values.

10 Nachhaltigkeitsmodell
175 Jahre

Das Werte- und Geschäftsmodell sowie das nachhaltige kooperative Prinzip machen Nachrichtenagenturen zur stabilen Mediengattung seit rund 175 Jahren.

»Democracy Dies in Darkness«

Anhang: Geschichte und Gegenwart der APA

Start

Im Kontext der historischen Entwicklung der *Gruppe 39* wird im Folgenden exemplarisch die Geschichte und Gegenwart der *Austria Presse Agentur* als private, genossenschaftliche Nachrichtenagentur im Eigentum österreichischer Medien skizziert. Die *APA* blickt, einschließlich ihrer direkten Vorgänger, auf eine rund 175-jährige Geschichte zurück und zählt mit *AFP/Havas*, *AP* und *Reuters* zu den vier ältesten Nachrichtenagenturen weltweit.

1849

Gründung der *Österreichischen Correspondenz:* Der Publizist *Joseph Tuvora* gründet am 10. Oktober 1849 in Wien ein Nachrichten-Büro zur Belieferung von vorrangig offiziösen Tageszeitungen.

1850–

Agenturinformationen werden durch den Telegrafen zur ökonomischen Ware.

1859

Aus der *Österreichischen Correspondenz* wird das *K. K. Telegraphen Korrespondenz-Bureau (Korr.-Büro):* Eine Falschmeldung über den Ausgang der Schlacht von Magenta führt zur Umwandlung in ein amtliches Nachrichtenbüro.

1869

Abschluss eines Vertrags über den Austausch der Agenturdienste von *Reuters,* der *Agence Havas* (Vorläuferin der *AFP*) und dem *Korr.-Büro* – Beginn einer bis heute bestehenden Vertragsbeziehung.

1921

Das *Korr.-Büro* wird als Abteilung in den Bundespressedienst eingegliedert und mit 1. Jänner 1922 in *Amtliche Nachrichtenstelle (ANA)* umbenannt.

Geschichte und Gegenwart der Austria Presse Agentur

175 Jahre österreichische Nachrichtenagenturen

1934
Ende der Kooperation von *Reuters* (London), *Havas* (Paris) und *Wolff* (Berlin); Gründung des nationalsozialistischen *Deutschen Nachrichtenbüros* (DNB) anstelle des *Wolff'schen Telegraphenbüros*.

1938
Nach dem »Anschluss« Österreichs wird die *ANA* aufgelöst; stattdessen wird vom *DNB* die *Zweigstelle Wien* eingerichtet.

1938–
Immer stärkerer Einfluss der Regierungen auf die dominierenden Weltagenturen, deren Berichterstattung zunehmend propagandistischer, einseitiger und parteiischer wird.

1939/40
Gründung der *Hellcommune* als Vorläuferin der *Gruppe 39* auf Initiative der holländischen Nachrichtenagentur gemeinsam mit den nordischen, der Schweizer und den Benelux-Agenturen; Ziel: Verbreitung unparteiischer Nachrichten mittels der revolutionären Technologie des *Hellschreibers* und Langwellenfunk. Am 23. November 1939 Beginn der Nachrichtenverbreitung via Großsendeanlage Radio Kootwijk. Nach Besetzung des Senders durch die deutsche Wehrmacht im Februar 1940 Sprengung der Sendeanlagen.

1945
Wiedererrichtung der *Amtlichen Nachrichtenstelle (ANA)*.

»Democracy Dies in Darkness«

Anhang: Geschichte und Gegenwart der APA

1945
Wiederaufnahme der Kooperation der Agenturen der früheren *Hellcommune* unter der Bezeichnung *Gruppe 39* als gemeinsame Interessenvertretung.

1945
Auf Initiative von *AP* und *Reuters* sowie auf Basis eines US-Kongressbeschlusses Offensive vor allem der USA zur Unterstützung unabhängiger Agenturen beziehungsweise Entstaatlichung.

1946
Aufgrund des Drucks der angloamerikanischen Alliierten und der Initiative von *Reuters* wird die *ANA* durch die *APA – Austria Presse Agentur* ersetzt. Diese gehört als Genossenschaft den Zeitungsverlagen und ist vom Staat unabhängig.

1949
Verabschiedung der ersten Statuten der *Gruppe 39*.

1956
Aufnahme der *APA* als achtes Mitglied der *Gruppe 39*.

1957
Gründung der *EANA – European Alliance of News Agencies* durch die *Gruppe 39* und weitere Agenturen.

1964
Während der Österreichische Rundfunk in den Jahren nach dem Krieg als Nichtmitglied Bezieher der *APA*-Dienste war, wird er nun als Genossenschafter Miteigentümer der *APA*.

1969

Um insbesondere Parteien und Unternehmen die Möglichkeit zu geben, Medien mit ihren PR-Aussendungen direkt zu erreichen, wird von der *APA* ein *Zweites* (Fernschreiber-) *Netz* geschaffen – Vorläufer von *APA-OTS*.

1977

Als erstes Medienunternehmen in Österreich und eine der ersten Agenturen in Europa führt die *APA* ihr erstes elektronisches Redaktionssystem mit 16 Bildschirmen ein.

1985

In Ergänzung zu den Text-Diensten startet die *APA* ihren Pressebilder-Dienst und wird 1986 Gesellschafterin der *European Pressphoto Agency*.

1989

Das von der *APA* entwickelte Realtime-Informationssystem *APA-Online* ist verknüpft mit einem Datenbank-Host und leitet eine neue Ära der wirtschaftlichen Prosperität ein.

1990

Der Standard ist die erste Zeitung, die bei *APA-Online* elektronisch archiviert wird.

2000

APA-OTS wird als 100-prozentige Tochter der *APA* gegründet. Als neue Abteilung speziell für die Anforderungen neuer Medien wird *APA-Multimedia* ins Leben gerufen.

2001

Die *APA* erwirbt eine Mehrheitsbeteiligung an dem auf Medien-Inhaltsanalysen spezialisierten Innsbrucker Start-up *MediaWatch*.

»Democracy Dies in Darkness«

Anhang: Geschichte und Gegenwart der APA

2002
Die Bereiche Technik sowie Datenbanken & Profildienste werden aus der *APA* ausgegliedert und agieren als *APA-IT* und *APA-DeFacto*, beide 100-prozentige Töchter der *APA*, am Markt.

2003
Die *APA* beteiligt sich an *dpa-AFX Wirtschaftsnachrichten* und lanciert mit *APA-Images* eine eigene Bildagentur; *APA-DeFacto* übernimmt von *MediaWatch* die Beobachtung elektronischer Medien und erweitert ihre Datenbanken um *ORF*-Sendungen.

2004
Verabschiedung des ersten Mission Statement der *Gruppe 39*.

2006
APA-MultiMedia produziert die ersten Videonachrichten.

2007
Die *APA* übernimmt 60 Prozent an *Keystone*, der führenden Bildagentur der Schweiz.

2010
Kurz nach dem Marktstart von Apples iPad entwickelt die *APA* News-Anwendungen für Tageszeitungen. Diese präsentieren die E-Paper-Version des Printmediums inklusive multimedialer Elemente ideal auf Tablets.

2011
Der *Austria-Kiosk*, ein virtueller Zeitungsstand für die österreichischen Verlage, geht online.

2013
Gentics und 50 Prozent von *dpa-digital services* werden in die *APA*-Gruppe aufgenommen.

2015

Video wird neben Text, Bild und Grafik viertes integrales Format des *APA*-Basisdienstes – Ausbau der Live-Berichterstattung und mehr Bewegtbildproduktionen.

2017

Mit dem *APA-medialab* entsteht ein digitaler Innovations-Hub, der mit *Design Sprints* klickbare Prototypen entwickelt und testet. Das *APA-Pressezentrum* wird eröffnet und bietet Raum und Kommunikationsmöglichkeiten für Pressekonferenzen, digitale Workshops und Live-Streaming. Die *APA* beteiligt sich am Hamburger Start-up-Cluster *next media accelerator (nma)*.

2017

Echtbetrieb der von der *APA* betriebenen *Austria Videoplattform (AVP)* als Austauschplattform von Bewegtbild-Inhalten zwischen den österreichischen Medien.

2018

Mit der Fusion der *Schweizerischen Depeschenagentur (sda)* mit der Bildagentur *Keystone* wird die *APA* infolge eines Beteiligungstausches zum größten Aktionär und zum strategischen Technologie-Partner der neuen Gesellschaft *Keystone-SDA* und ist seither mit 30 Prozent beteiligt.

2019

Im Rahmen des *NewsTech*-Programms erweitert die *APA* die Berichterstattung zur EU-Wahl durch *Automated Content*, AI-Lösungen und Live-Blogs. Mehr als 2.000 Gemeinde-Resultate werden erstmals um automatisierte Kurztexte ergänzt. Dafür werden große Datenmengen in Textform aufbereitet, die bis dato nur in Tabellenform vorlagen.

»Democracy Dies in Darkness«

Anhang: Geschichte und Gegenwart der APA

2019

Statuten-Reform der *Gruppe 39* unter österreichischem Vorsitz, gleichzeitig Aufnahme der *Deutschen Presse-Agentur (dpa)* und der britischen *PA Media Group* als neuntes und zehntes Mitglied. 80-jähriges Jubiläum der *Gruppe 39* mit Generalversammlung in Wien.

2020

Start *APA-Faktencheck* als eigenständige redaktionelle Disziplin im Newsroom und neue Funktion des *Chief Verification Officer* in der Redaktion. Einführung von Live-Blogs aus der *APA*-Redaktion im Zuge der Berichterstattung über die Coronapandemie.

2021

Implementierung der neuen *APA*-Digital-Strategie mit den Schwerpunkten *Digital Workplace, Digital Platforms* und *Digital Business.* Einführung der neuen Funktion *Chief Digital Officer* in der *APA*-Gruppe.

2022

Gründung des neuen Ressorts *Data & Graphics* im *APA*-Newsroom sowie einer ressortübergreifenden Klima-Berichterstattung. Go-Live für das von der *APA* betriebene Medien-Log-in *MediaKey*.

2022

Nach *dpa* und *PA Media* wird, ebenfalls auf Initiative der *APA*, die unabhängige italienische Nachrichtenagentur *ANSA* als elftes Mitglied in die *Gruppe 39* aufgenommen.

2022

Gründung der neuen Schweizer *APA*-Tochterunternehmen *Swiss Digital Media Services (SDMS)* und *Gentics Software* mit Sitz in Bern in den Geschäftsbereichen *NewsTech*- und E-Government-Lösungen.

2023
Umsetzung der neuen AI-Strategie *APA-Trusted-AI* mit dem Ziel einer verantwortungsvollen Implementierung von (generativen) AI-Technologien in die Produktionsprozesse und in die digitalen Produkte der *APA*-Gruppe sowie Gründung eines von der *APA* betriebenen österreichischen AI-Medienhubs.

2024
175 Jahre österreichische Nachrichtenagenturen.

»Democracy Dies in Darkness«

Quellen

Veröffentlichte Quellen

- Altman, Sam: Moore's Law for Everything. moores.samaltman.com (16.3.2021).
- APA – Austria Presse Agentur: Leitlinie zum Umgang mit künstlicher Intelligenz. Wien, 2022.
- APA – Austria Presse Agentur; Joanneum Research & Bundesministerium für Klimaschutz, Umwelt, Energie, Mobilität, Innovation und Technologie: AI.AT.Media. AI and the Austrian Media Sector: Mapping the Landscape, Setting a Course. Wien, 2021.
- Balk, Anselm; Brazda, Johann: Die neuen digitalen Genossenschaften. Cooperativ 3/2021a, S. 28–33.
- Balk, Anselm; Brazda, Johann: Eine neue Managementlehre für Plattformgenossenschaften. Cooperativ 4/2021b, S. 30–33.
- Cooper, Kent: Barriers Down – The Story of the News Agency Epoch. New York, 1942.
- Fidler, Harald: Clemens Pig im Interview – Künstliche Intelligenz muss gut erzogen werden, damit sie nicht Superspreader für Fake News wird. Der Standard (9.3.2023).
- Group 39 – Vereinigung der unabhängigen Nachrichtenagenturen Europas: Statuten in der aktuell gültigen Fassung anlässlich des 80-jährigen Gründungsjubiläums. Wien, 2019.
- Jääskeläinen, Atte; Yanatma, Servet: The future of national news agencies in Europe – case study 4: Business

- model innovation in media-owned national news agencies. The London School of Economics and Political Science. London, 2019.
- Jääskeläinen, Atte; Yanatma, Servet; Ritala, Paavo: How Does an Incumbent News Media Organization Become a Platform? Employing Intra-Firm Synergies to Launch the Platform Business Model in News Agency. In: Journalism Studies, October 2021.
- Jukes, Stephen: News Agencies. Anachronism or Lifeblood of the Media System? New York, 2022.
- Newman, Nic: Journalism, Media, and Technology Trends and Predictions 2023. Reuters Institute for The Study of Journalism / University of Oxford, 2023.
- Palmer, Michael B.: International News Agencies. A History. Paris, 2019.
- Pig, Clemens:
  - Hidden Champions im Nachrichtengeschäft. Unabhängige Nachrichtenagenturen – Motor für eine freie Presse und Innovationsplattform für die Medien- und Kommunikationsindustrie. Wertesystem, Geschäftsmodelle und Zukunftsstrategien von unabhängigen Nachrichtenagenturen: Festschrift anlässlich des 80-jährigen Jubiläums (1939–2019) der Vereinigung der unabhängigen Nachrichtenagenturen (Gruppe 39). Wien, 2019.
  - The Good Old Cooperative as an Innovation Model. A practitioner's view. In: Kaltenbrunner, Andy; Karmasin, Matthias & Kraus, Daniela (Hg.): Journalism Report V. Innovation and Transition. Wien, 2017, S. 162–170.

- Shared Economy – Genossenschaftliches Innovationsmanagement als Role Model in der Digitalökonomie. In: Verband Österreichischer Zeitungen (Hg.): Medienhandbuch Österreich 2017. Wien, 2017, S. 206–212.
- Wachstumsmärkte für Nachrichtenagenturen. Medientechnologie als neues Geschäftsfeld der APA-Gruppe im D-A-CH-Raum. In: Verband Österreichischer Zeitungen (Hg.): Medienhandbuch Österreich 2018. Wien, 2018, S. 198–203.
- APA – Vom Weg in die Unabhängigkeit bis zu Automated Content. In: Verband Österreichischer Zeitungen (Hg.): Medienhandbuch Österreich 2020. Wien, 2020, S. 64–75.
- Democracy Dies in Darkness. Warum freie Nachrichtenagenturen in Europa gefordert sind wie nie. In: Verband Österreichischer Zeitungen (Hg.): Medienhandbuch Österreich 2022. Wien, 2022, S. 23–30.
- The Power of Collaboration. In: APA-Value. Am Puls des Digitalen. Wien, 2023, S. 54–56.
- Ghostwriter KI? Ein Selbstversuch. Gastkommentar. Medianet, medianet.at/news/marketing-and-media/ghostwriter-ki-ein-selbstversuch-52413.html (17.3.2023).

- Rantanen, Terhi; Jääskeläinen, Atte; Bhat, Ramnath; Stupart, Richard & Kelly, Anthony: The future of national news agencies in Europe. Executive Summary. London School of Economics and Political Science, London, 2019.
- Servatius, Hans-Gerd: Plattform-basierte digitale Ökosysteme als Chance für Hidden Champions.

- Competivation, competivation.de/plattform-basierte-digitale-oekosysteme-als-chance-fuer-hidden-champions (30.1.2015).
- Sprenger, Michael: Clemens Pig im Interview: Nachrichten in Kriegs-Zeiten. »Saubere Information so wichtig wie sauberes Trinkwasser«. Tiroler Tageszeitung (18.2.2023).
- Vyslozil, Wolfgang: Group 39. History of an Exceptional Alliance of News Agencies – Character, Business & Policy of Independent News Agencies in Europe. Wien, 2014.
- Wellbrock, Christian; Lobigs, Frank; Erbrich, Lukas; Buschow, Christopher & Landesanstalt für Medien NRW (Hg.): Coopetition is King. Ökonomische Potentiale und medienpolitische Implikationen kooperativer Journalismusplattformen. Onlinepublikation, medienanstalt-nrw.de (2023).
- Wurnitsch, Martin: Clemens Pig im Interview – Künstliche Intelligenz: Ein mächtiges Werkzeug, das in sichere Hände gehört. Horizont. Fachzeitschrift für Marketing, Werbung und Medien (9.3.2023).

Unveröffentlichte Quellen

- AFP – Agence France-Press: Kriegsberichterstattung der Nachrichtenagentur AFP in der Ukraine, unveröffentlichte Präsentationsunterlage für EANA, Sarajevo, Mai 2022.
- Group 39 – Vereinigung der unabhängigen Nachrichtenagenturen Europas: Report Comparative Figures 2021, unveröffentlichte Präsentationsunterlage, Brüssel, 2022.
- Kaupenjohann, Claudia (PwC): The media industria between catch-up effects and digital transformation, unveröffentlichte Präsentationsunterlage für EANA, Zürich, 2022.

- MINDS International: Future Topics of News Agencies, unveröffentlichte Präsentationsunterlage, Wien, 2022.
- Pig, Clemens:
    - The Current State of Affairs. APA-Group in Digital Transformation, unveröffentlichte Präsentationsunterlage, Wien, 2022.
    - Die Zukunft der Genossenschaft, unveröffentlichte Präsentationsunterlage, Wien, 2022.
    - Covid, War, Disinformation: Europäische Nachrichtenagenturen unter Druck. A Look into the Future, unveröffentlichte Präsentationsunterlage, Wien, 2022.
    - Wohlstand, Demokratie, Meinungsfreiheit: Der Kampf um Meinungsfreiheit und Demokratie, unveröffentlichte Präsentationsunterlage, Wien, 2023.

Links

- APA Facts & Figures, apa.at/about/facts-figures
- Keystone-SDA Geschäftsberichte, keystone-sda.ch/web/guest/geschaeftsberichte
- NTB About, ntb.no/om-ntb
- Ritzau Key Figures, ritzau.com/nyt-om-ritzau
- Amtsblatt der Europäischen Union (8.4.2022), eur-lex.europa.eu/legal-content/DE/TXT/HTML/?uri=OJ:L:2022:110:FULL&from=EN
- APA-Faktencheck (18.3.2022), apa.at/faktencheck/foto-von-bahnhof-in-charkiw-ist-echt
- Correctiv-Faktencheck (14.3.2022), correctiv.org/faktencheck/2022/03/14/ukraine-dieses-foto-zeigt-menschen-am-bahnhof-von-charkiw

Liebe Leser:innen,
wir sagen Danke, dass wir Sie auf Ihrer Lesereise begleiten durften.
Viele weitere Bücher für spannende Debatten und Denkanstöße
finden Sie unter *www.brandstaetterverlag.com*

Bleiben wir in Verbindung!
Wir freuen uns auf Ihre Anregungen, Wünsche und Kritiken:
leserbrief@brandstaetterverlag.com

Christian Brandstätter Verlag GmbH & Co KG
Wickenburggasse 26, 1080 Wien

ISBN 978-3-7106-0771-4

1. Auflage, 2023
Copyright © 2023 by Christian Brandstätter Verlag, Wien
Alle Rechte vorbehalten.

Designed in Austria, printed in Europe
Redaktion und Lektorat: Hannah Balogh
Gestaltung und Satz: Patrick Nell (vektorama.city)
Gesetzt aus der Calluna und Calluna Sans
Projektmanagement: Judith E. Innerhofer

*Sofern nicht anders vermerkt, sind alle Tabellen
und Grafiken eigene Darstellungen.*

Wir tragen Verantwortung: Der Inhalt dieses Buchs wurde auf hochwertigem, FSC©-zertifiziertem Naturpapier gedruckt. Dieses Papier trägt darüber hinaus ein Zertifikat auf dem Cradle to Cradle Certified® Silver Level. Das Forest Stewardship Council® ist eine internationale Nichtregierungsorganisation, die weltweit eine umweltfreundliche, sozial gerechte und wirtschaftlich tragfähige Bewirtschaftung der Wälder fördert. Cradle to Cradle® zielt auf ein ökologisch verträgliches Wirtschaften in sich wiederholenden Rohstoff-Produkt-Kreisläufen ab. Für die Druckproduktion und Endfertigung wurde auf umweltfreundliche, ressourcenschonende und schadstofffreie Produktionsweisen und Materialien geachtet. Die Druckerei ist FSC© und PEFC™-zertifiziert, regelmäßige Audits erfolgen im Rahmen der internationalen Umweltmanagementnorm ISO 14001 (Nr. 35025/C/0001/UK/En). Diese international anerkannten, unabhängigen und regelmäßig überprüften Standards gewährleisten eine umweltgerechte, sozial verträgliche, nachhaltige und ökonomisch tragfähige Nutzung entlang der gesamten Wertschöpfungskette Holz, vom Baum bis zum Buch.